写给青少年的元朝史

星汉 著

少年读历史

华龄出版社
HUALING PRESS

责任编辑：李梦娇
责任印刷：李未圻
封面设计：曹柏光

图书在版编目（CIP）数据

写给青少年的元朝史 / 星汉著. --北京：华龄出版社，2018.12

ISBN 978-7-5169-1393-2

Ⅰ. ①写… Ⅱ. ①星… Ⅲ. ①中国历史－元代－青少年读物 Ⅳ. ①K247.09

中国版本图书馆CIP数据核字（2019）第009620号

书　　名：写给青少年的元朝史
作　　者：星汉　著

出 版 人：胡福君
出版发行：华龄出版社
地　　址：北京市东城区安定门外大街甲57号　邮　编：100011
电　　话：010-58122246　传真：010-84049572
网　　址：http://www.hualingpress.com

印　　刷：三河市东兴印刷有限公司
版　　次：2020年7月第1版　2020年7月第1次印刷
开　　本：710×1000　1/16　印　张：14
字　　数：170千字
定　　价：39.80元

前言

泱泱帝国，赫赫武功

一个半世纪，几代人，元朝在中国五千年的历史长河中着实显得太短。但就是这百年沧桑，对中国日后历史的走向所引起的巨大扭力，却是以前任何一个朝代都不能比拟的！

宋帝国灭亡，使尘埃落定。蒙古帝国横跨欧亚大陆，面积约三千万平方公里的版图，扩张完成。这是一个空前庞大的帝国，在那个以马匹为主要交通工具的时代，几乎无法进行有效的统治。蒙古人采取地方分权制度，把疆域划分为六个子国，平等地并列于最高元首——大汗之下。

元的建立，彻底结束了两宋时南北对峙、几个民族政权并存的局面。中国自秦汉以后，又一次实现了真正的大一统，而且是史无前例的。它的铁骑从涓涓的额尔古纳河边一直驰骋到欧洲蓝色的多瑙河畔。

元朝的版图之广是任何一个国家都无法与之匹敌的，对此我们可以从明朝人的感叹中得到证实：“自封建变为郡县，有天下者，汉、隋、唐、宋为盛，然幅员之广，咸不逮元。汉梗于北狄，隋不能服东夷，唐患在西戎，宋患常在西北。若元，则起朔漠，并西域，平西夏，灭女真，臣高丽，定南诏，遂下江南，而天下为一。故其地北逾阴山，西极流沙，东尽辽左，南越海表。”及至元成宗时，漠北诸王皆承认他为天下共主。此时，元朝的疆域包括：中国、伊利汗国、钦察汗国、察合台汗国、窝阔台汗国，以及高丽、东南亚、海外诸岛，等等。三千万平方公里幅员辽阔的土地上，大元的旗帜猎猎飘扬，大元的驿马任意驰骋。如此庞大的疆域，足以傲视汉唐。

有人曾说正是凭借元朝这个辉煌过渡的时代，中国的版图才能禁受后世不肖的继承者们一次又一次的“挥霍”。大元的熔炉把一个又一个曾经野蛮的民族，熔铸成今日的中华民族，虽然这不是统治者的本来愿望，但却极大地促进了日后中国超强的稳定性和凝聚力。

但是，历史经常喜欢以“吊诡”的形式来呈现自己的面貌。一方面，蒙元对外战争的血腥和残忍，给受害一方造成了严重的经济文化破坏和强烈的精神创伤，这都足以使今天的我们在阅读相关记载时仍然不寒而栗。另一方面，蒙元帝国又确实打破了在它之前存在的疆域阻隔，从长远的历史来看，蒙元西征促进了西欧诸国的崛起与进步。正是历史的“合力”，将人类所蒙受的很多灾难性事件转换为推动我们获得福祉的客观条件。与中国历史中曾经万国来朝的唐朝盛世相比，忽必烈时期的元朝帝国在其国家开放的态度上似乎有过之而无不及。

对此，可以用马可·波罗的体验加以证明。13世纪，与忽必烈同时代的这位意大利的年轻人来到了中国，并且受到了忽必烈的热情接见，他用一个全新的角度和视野看到了一个全新的中国。在他的心目中，中国无与伦比，是繁荣富庶的“黄金国”，中国的皇帝忽必烈是“诸君主之大君主或皇帝”，是

“人类远祖阿丹（Adam）以来迄于今日世上从未见广有人民、土地、财货之强大君主”。与五百年后（1793）来到中国清朝觐见另外一位著名的外族皇帝乾隆的英国特使马嘎尔尼相比，这两个老外在中国的境遇有着天壤之别：马嘎尔尼在中国只待了一个多月，从北京到热河，这位英格兰乔治三世国王的特使始终未能获得乾隆皇帝的正式接见，而且他带来的所有英中通商请求均遭拒绝。而马可·波罗在中国一直待了十七年，到13世纪末才回到意大利，马可·波罗很受忽必烈的喜爱和信任，曾被委派为中国扬州的官司吏，并多次作为忽必烈的特使，出使中国各地甚至元朝帝国更广大的疆域。

……

沧桑轮转，元朝因它唯我独尊的雄浑与浩瀚留在了历史的长河之中。铁蹄所到之处，并不总是充满了血腥与征服，其政治、经济、文化等同样灿烂夺目。正是在元朝，行省制度得以确立，中国多民族国家的基础得以奠定；也正是在元朝，中国的火器、天文学和航海术传到了西方，而波斯的医学与理财经验也传到了中国。在元朝，东西方的交流不再只限于回响在丝绸之路上的“古道驼铃”，一支控制着整个东亚海域的庞大商队乘风破浪，直抵非洲，将文明撒播到每一个角落。在这个时代，中国的戏剧无论是创作质量还是思想内容都臻至巅峰状态，而以“授时历”为代表的科技创新，也遥遥领先于世界……所以，在某些人口口声声的“停滞”状态下，元朝一直以自己特殊的方式进步着。

正是因为如此，杰弗里·乔叟才会把《坎特伯雷故事集》中最长的故事献给世界的征服者——成吉思汗。乔叟用一种毫不掩饰的崇敬之情描绘了成吉思汗和他所取得的成就。

如果暂时“忘却”蒙元东征西杀的残酷性、破坏力，它所迸发出的蓬勃向上的创造力、扩张力、竞争力、进取力，的确使后人悠然神往。

俗话说：有进取心者，必有行动上的改变。元帝国的进取心是毋庸置疑的，从氏族到国家的快速升级发展中，蒙古民族获得了一次巨大的动力，这股动力由一个史诗般的英雄成吉思汗谱写成了恢宏的乐章，而忽必烈负责将这一旋律植入中华的传统中，并将慢板和低吟转变成激昂宏大的交响。在这场交响之中，国家完成了沧桑巨变。与南宋藏进深山和小镇的遗老遗少隐士们的浅吟低咏不同，忽必烈可能更喜欢在草原上狂奔的战马和千军万马踏出的雄浑战歌。希望今天的人们也能够传承到这样一些激昂的基因，从而获得自身命运的主动改变。

自古兴亡多少恨，一杯同与吊斜阳！赫赫元帝国，既不是流星，也不是昙花，更不是遗憾！他就像一个历史的巨人一样，结结实实地立在了中华的大地上。无论是时间的纵向延续还是空间的横向跳跃，这个帝国的强大顺理成章！

透过那一百多年的风风雨雨，我们不仅能感受到震动欧亚大陆的血与火交织而成的赫赫武功，金戈铁马、横扫六合的激昂；我们更能够从中读出元代历史在整个中国历史中所散发出来的璀璨光芒。马革裹尸，包含了多少北方男儿的豪情与血性；一将功成万骨枯，又充满了怎样的唏嘘与悲壮。属于他的光荣无人可以拿走，他的不朽功勋无人可以否认！

一个王朝的兴起，一部英雄的史诗！这，就是本书将向你讲述的。

第一章 缔造全球化世界的第一人

近代人类社会的世界体系，是在西方资本主义国家对外扩张的冲击之下形成的。但对旧大陆而言，在近代之前就已经出现过维持了大约百年之久的“世界体系”，而这，正是由成吉思汗缔造的蒙古帝国促成的。正如一位作家所说：伟大的历史人物，不能被整齐地卷塞在书皮之间，也不能像受压的植物标本被熨平。当事件本身从人们的视野中淡去后，他们的影响还将长期存在。成吉思汗无疑就是这样的人！

从前在成吉思汗的马群里，
有一匹不生育的白骒马，
忽然一胎生下了两个马驹，
人们把它俩叫作扎格勒……
成吉思汗身穿甲胄，
骑着两个扎格勒，
去到阿尔泰山行猎，
去到胡惠罕山打转。

——摘自《成吉思汗的两匹骏马》

这首歌把我们重新带回到成吉思汗纵马驰骋创立丰功伟业的时代。马，因游牧的蒙古人而荣耀；而蒙古牧民也因马而生存，因马而壮大昌盛。没有马就不会有成吉思汗一直流传至今的英名，更不会有煊赫一时的大元帝国，正是蒙古人，撒开缰绳纵马踏出了中国历史上最大的版图。

凭借马，蒙古人还创造出了奇特的精神文明系统，这种文明表现在意识与精神的寄托上，语言的精细表述上，哲学理念的形象和文学艺术的想象上，同时还渗透于其他各个领域，成为今人的财富。

一望无际的草原正以从未有过的舒缓向四方铺展开去，而真实正如故事的主角，在舞台缓缓拉开的帷幕中出场了……

谁乃“射雕”真英雄

金庸先生在他的名作《射雕英雄传》中曾有这样一段描写：“郭靖接过弓箭，右膝跪地，左手稳稳托住铁弓，更无丝毫颤动，右手运劲，将一张二百来斤的硬弓拉了开来。眼见两头黑雕比翼从左首飞过，左臂微挪，瞄准了黑雕项颈，右手五指松开，正是：弓弩有若满月，箭去恰如流星。黑雕待要闪避，箭杆已从颈对穿而过。这一箭劲力未衰，接着又射进了第二头黑雕腹内，一箭贯着双雕，自空急堕。”

这段描写的确精彩，不折不扣地勾勒出了一位草原英雄射大雕的精彩场面。当然小说中的人物是虚构的，但射大雕

的英雄却是真实存在于历史之中的，只不过他的名字叫孛儿只斤铁木真。

著名的《哈伯斯杂志》给了他这样一句评价：“起于灾难而终于卓越，除了耶稣，恐怕再难有人与成吉思汗匹敌。”

元史专家韩儒林先生也曾说：“自从成吉思汗统一各部落后，有不少非蒙古族的人民也被吸收进去。于是蒙古顿时成为一个势力强大、人民众多的共同体的名称。我们当然不能说有了成吉思汗才有了蒙古族，但成吉思汗的统一事业对蒙古族的形成是一个很大贡献，是不能否认的。应该说，蒙古族在世界历史舞台上起重要作用，是从成吉思汗开始的。”

成吉思汗是“世界之鞭”，更是“人类之王”。但是成就铁木真霸业的根源来自他无与伦比的雄心，也正是这份雄心使他成为不世之英雄。无怪乎秦皇汉武、唐宗宋祖那样的人物不能称霸世界，他们缺少的正是这份雄心。

蒙古人在提到他们的理想时常说：从草原出发，到白云的故乡去。草原既是一种延伸的终极，又是另一种延伸的起始。它能够左右人的意识，进而影响人的行动。草原至大无声、至美无形，它不仅是过去，也是现在，更是未来。身处草原之中，各种冥想都会接踵而至。

热爱草原的人，心胸会变得跟草原一样博大。所以，当铁木真征服了克烈人后，他的雄心开始树立起来，他的目光也随之投向了远方。在这之前，他必须先完成另一项任务，那就是统一草原。这时横亘在铁木真眼前的最大的障碍就是乃蛮部。

事实上，当铁木真正愁没借口讨伐乃蛮部时，乃蛮部的太阳汗却嗅到了铁木真对自己的威胁，主动挑起了战争，并且上演了一场轰轰烈烈的闹剧。

为了对付铁木真，太阳汗派人去约汪古部一同出兵。不料汪古部首领反而把使者抓起来送到铁木真那里，并接受了铁木真的约定，掉过头来迎战太阳汗的军队。1204年夏初，铁木真与乃蛮部联军在斡难河东面的纳忽昆山摆开战阵。太阳汗本想亲临战场助威，却没想到因为他，铁木真这一战赢的简直是不费吹灰之力。太阳汗从来没上过战场，用他儿子屈出律的话说就是："从来没有骑马到过比孕妇更衣更远的地方，或比牛到它吃草处更远的地方！"两军交战，仗还没打呢，太阳汗就害怕起来，马上让军队向后退。结果，只经过一天的鏖战，乃蛮军队就彻底溃败了，太阳汗受伤被俘后不久去世，屈出律逃跑了。

之后，铁木真又出兵讨平各部落，战胜了群雄，一统草原。1206年春，铁木真聚集各部落首领在斡难河源头召开忽里台大会。会上，众人一致推举他为全蒙古的大汗，并且尊他为成吉思汗，蒙古帝国从此开始了历史上最辉煌的旅程。

成吉思汗是创造草原神话的英雄，他让世人有理由相信：人的雄心和能力都是不可预估的。

当然，只有雄心壮志和谋略，也不足以成为英雄。真正的英雄还要有极高的人格魅力。铁木真具备这一条件吗？下面的这一纪录，定会让世人对铁木真另眼相看。在铁木真所处的那个时代，在被挑拨的情况下，草原部落会改变派系立场，而且战士们也会抛弃他们的领导者，但作为一名勇士，在整整六十年的战斗生涯中，没有一位得力干将抛弃过铁木

真。与此同时，铁木真也从未惩处或伤害过任何一名得力干将。在历史上的伟大国王和征服者们中，这项忠诚的记录独一无二。

这样的人格魅力，无论是亚历山大大帝，还是恺撒大帝，甚至后来的拿破仑都无法与其比肩。

能成就这样一番事业的人，能拥有如此人格魅力的人，无愧于英雄的称号！虽然，这个过程充满了血腥与残暴，但是自古至今，邪恶一直都与战争相伴而生，有战争就会有生灵涂炭，正所谓“一将功成万骨枯”。不然，希腊神话中的阿瑞斯怎么会是“亦正亦邪”的战神呢？而人们并非因此就不尊崇他，相反，他一直都被当作英雄来膜拜。如果说，阿瑞斯只存在于神话中，那么铁木真无疑是把阿瑞斯带下神坛的那个人，他迎着草原猎猎的寒风，活生生地站在了世人面前。

胸有丘壑方能所向披靡

13世纪，成吉思汗及其子孙们横扫欧亚大陆，这场规模空前的战争，奠定了蒙古兵学在世界军事史上的地位。成吉思汗之所以能在短短六七十年的时间里，攻取那样广大的地域，并且攻必取、战必胜，西方史学家经过长期研究得出的结论是：“当时蒙古军队的武器比别人的更精良而且更适合于实战使用；成吉思汗兵制比较完善，军纪严明；将领多巧于计谋，擅长兵法和战略。”由此可见，成吉思汗有着十分丰富的军事思想，其军事思想的一个突出表现就是大迂回战略。

大迂回战略源于蒙古族的围猎，它的突出特点是，在使用力量之前，先用计谋将对方制服。该战略与孙子的“诡道”思想一脉相承，即在全面侦察敌情、地形的前提下，蒙古军队凭借骑兵的持久耐力和快速机动能力，经常越过人们难以想象的大漠、险滩、雪谷、荒原，出其不意地向敌人的深远纵深大胆穿插、分割，并与后面进攻部队相配合，四面包围敌人，迫使对方迅速瓦解。它从不给对方留下一条逃生的出路。即使留有一条生路，那也完全是一种战术运用。

做出大迂回的决策需要雄才大略的统帅，执行大迂回战略任务需要一支训练有素的军队，毫无疑问，成吉思汗和他的军队都具备。

国防大学的陈湘灵老师曾举过成吉思汗西征花剌子模的例子，向人们展示了成吉思汗的大迂回战略。当时成吉思汗的人马分三路进军，大军在开进中，派哲别一路绕到敌后，向敌方战略上敏感的卡什加尔方向迂回，切断花剌子模与阿富汗、呼罗珊之间的联系，掩护主力战略展开。大皇子术赤、大将军哲别率领三万人的军团，穿过真正意义上的死亡地带——帕米尔和天山山脉之间的谷地。对此，《大统帅成吉思汗兵略》中有这样一段描述：“他们在一丈多深的积雪中行军，他们攀登四千多米被雪覆盖的吉西列阿尔多和铁列古达巴干两个高峰的道口。在大风雪中，用牛皮包住马腿，人穿双层的皮毛大衣，在七千多米的高山之间，在冰天雪地中前进。他们为了暖和身体，用小刀切开马的血管，吸喝了马的温暖的血液，又把血管封闭起来……”这样的行动令汉尼拔和拿破仑越过阿尔卑斯山脉的行动也显得逊色。当疲急的蒙古军队到达费尔干纳盆地，又以惊人的机动作战与敌人会战。激烈的战斗持续到深夜，各自鸣金收兵。成吉思汗在接到他们的战斗报告后，令术赤归队，令哲别率领5000人马，继续向南方阿姆河上游迂回。成吉思汗等后续部队展开后，亲率5万蒙古骑兵，从北方迂回行军，在渺无人烟的地点渡过锡尔河，通过了克吉尔库姆沙漠——这个宽500公里的沙漠，曾使650年后的俄军骑兵丧失了全部兵马。至此，蒙古铁骑对敌人展开了四面包围：西方有成吉思汗，北方有察合台、窝阔台，东方有术赤，南方有哲别。这就是成吉思汗运用大迂回战略最典型的一个战例，它创造了世界战史上的两大奇迹，而这种奇迹在那个时代，也只有成吉思汗统率下的蒙古军队才能做到。

难怪有人说，如果腓特烈二世或拿破仑与成吉思汗生在同一个时代，他们两人也绝对不是成吉思汗的对手。且不说成吉思汗征服的疆域，要比他们二人征服的疆域大得多。最主要的是，成吉思汗的军队几乎把冲击、刺杀、对垒这样一些军事方法演变到了极致，让人觉得他们不是由肉身长成的人，而是草原上的人和神合为一体的疯子；他们不止生性野蛮，连想法都十分怪诞。更致命的是，他们往往能够实现自己怪诞的想法，用围猎一样野蛮的方法征服别人。

明代史学家宋濂评价成吉思汗时提道：“帝深沉有大略，用兵如神，故能灭国四十，遂平西夏。其奇勋伟迹甚众，惜乎当时史官不备，或多失于记载云。”

伊儿汗国的重臣、伊朗著名史学家志费尼也在《世界征服者史》一书中提道：“倘若那善于运筹帷幄、料敌如神的亚历山大活在成吉思汗时代，他会在使计用策方面当成吉思汗的学生，而且，在攻略城池的种种妙策中，他会发现，最好莫如盲目地跟成吉思汗走。”甚至拿破仑本人也说：“我不如成吉思汗，他的四个虎子都争为其父效力，我无这种好运。”

其次，在道德思想建设方面，成吉思汗十分推崇“至诚”的理念。这从他与哲别的关系上可以窥见一斑。

哲别原本是泰亦赤兀惕部的勇士，在战斗中曾经射伤过成吉思汗，当他被成吉思汗俘获的时候毫不隐瞒大胆承认。而成吉思汗对此的回应是：作为敌人，对自己杀人的事多隐瞒不报，你却老老实实地承认了，这种人是可以交朋友的。这样，他们之间共同的道德观成就了蒙古历史上一段感人的佳话和他们之间相伴一生的伟大友情。

成吉思汗无疑是非常有智慧的，他麾下有许多贤人勇士，这表明成吉思汗不仅重视自己的智慧，也非常尊重他人的才学。没有对智慧的高度尊重，成吉思汗不可能成就他的事业，正如他自己所说：“我一旦得着贤士和能人，就让他们紧随我不叫远去……让他们称心如意献计出力。”

看来，成吉思汗不仅识弯弓，能射大雕，还懂得如何驯“大雕”为自己所用，他绝不只是一介武夫。他的伟大之处，不只是组织培育了伟大的蒙古军团，还在于他深具超前意识的军事思想、管理理念。他既是军事天才，也是政治天才。

一代天骄开创雄图伟业

在阿尔泰山三道海子附近的卡增达坂有一条若隐若现的上沟，这便是有名的成吉思汗宫帐车大道。成吉思汗当年就是坐着宫帐大车从这条山沟走出去，征服中亚的。

从山顶上往下看，恍然可见怪石垒筑的谷道像羊肠一般，向远方延伸。历史上对此曾有记载——“筑石陡谷”。

这四个字说的无疑是为车开掘道路，这车，就是成吉思汗的宫帐大车。据说，成吉思汗的宫帐车用几十头牛拉着，征伐所到之处，宫帐大车无处不在。所以，在人们感叹宫帐大车豪华气派的同时，也感受到了其中蕴含的杀气。成吉思汗就从这里开始了他的雄图伟业。

铁马奔驰，鼓声阵阵，成吉思汗的名声让整个欧亚大陆都为之颤抖。我们不能否认成吉思汗个人所具有的智慧和能力，但是我们还应该清楚“时势造英雄”这一客观原因，是历史把机会给了成吉思汗，让他变为英雄。

正如韩儒林先生所说：“在我国历史上北族有许多杰出的首领：匈奴的冒顿，突厥的土门、室点密兄弟，回纥的怀仁可汗，都是一世之雄。可是何以他们都不能进入中原，成吉思汗及其后人独能成功呢？看来不是成吉思汗比冒顿等人特别有才干或武力特别强大，而是当时北中国特别衰朽，和以上诸人所面对的汉唐时代，形势大不相同。”

以金国为例，当时的金国雄风已逝，蒙古兵一踏进国境，金国所有矛盾就都暴露出来了。女真政权从中都（今北京）逃避到开封后，对黄河以北的统治力量被削弱，农民起义遍地爆发。当时，金国内部的民族矛盾十分尖锐，金国用人采取“先女真、次渤海、次契丹、次汉儿”的次序。渤海人数不多，又与女真为同族，矛盾不是很突出。但河北的汉族对女真猛安谋克入户强夺土地，怨恨颇深，所以女真政权迁都汴京后，河北的农民便乘机进行报复。契丹族的地主不甘心失去政权，因此当蒙古兴起时纷纷起来为他们做向导、当谋士，有的还纠众独立，建立政权。如此闹哄哄的一番景象显示出成吉思汗兴兵时，金朝已处在瓦解的前夕，它又怎么能抵挡得住蒙古的铁骑呢？

同样的，针对整个欧亚大陆来说，成吉思汗能够成就他的旷世大业，客观上来说，也是因为在整个欧亚大陆上没有一个强有力的政权。即便庞大如波斯帝国，其内部政治也已经极端腐败。

就拿花剌子模国来说，虽然它当时也和蒙古帝国一样属于新兴的政权，可惜的是它表面的平静之下，实则暗流涌动。地方执政长官可以为了自己的一时贪念而甘冒挑起战争的危险，而首领摩诃末竟然还默许这种行为的发生，甚至在成吉思汗遣使就此事进行交涉时，公然斩杀蒙古正使，羞辱另外两名副使。这不是一个英明君主的所为。再者，当时花剌子模国拥有兵力四十万，可惜的是他们内部严重不和，就是摩诃末本人也要看他母亲的脸色行事。而在军事指挥战略上他更是犯了严重的错误。中亚地区地广人稀，大多是广阔的平原，很难找到“一夫当关，万夫莫开”的险地要塞。在

这种情况下，摩诃末竟然弃儿子札兰丁“集中全国兵力，以逸待劳”的良策不用，转而分散兵力，据守各个城池。他希望以此消耗掉蒙古军队的力量，结果却恰恰相反，最后被消耗干净的是他自己的力量。蒙古军队虽略显疲惫，却能集中优势兵力分割包围一座座城市，最后各个击破。从1219年秋到1221年年底，蒙古铁骑席卷了整个花刺子模全境。

二十五年间，成吉思汗和他的子孙们征服的土地和人民，比罗马人花费了四百年时间征服的还要多。他们将13世纪人口最稠密的诸文明世界悉数纳入蒙古帝国的版图。无论是被征服的人口总数、被纳入依附体系的国家总数，还是被占领的地域，成吉思汗的征服比历史上任何其他征服者的规模都要多出几倍。从太平洋到地中海，从西伯利亚到印度平原，从匈牙利到越南，三千多万平方公里的土地上，蒙古勇士的铁骑溅起了每一条河流的水花。一代天骄成就的规模和范围挑战了人类想象力的极限。

历史就这样把机会给了成吉思汗，而他也紧紧把握住机会开创了雄图伟业，这足以使他伟大和不朽，不是吗？

行之有矩——札撒

成吉思汗统治初期，当蒙古各部归并于他的时候，他废除了那些蒙古各族一直奉行、在他们当中得到承认的陋俗，然后制定了从理性观点来看值得称赞的法规。

有一条札撒说：现在，战争以及战争中的杀戮、清点死者和饶恕残存者，正是按这种方式进行的，确实，每个细节都是吻合的，因为战场上剩下的仅仅是些肢体破碎的可怜虫。

至于他们的军队组织，从亚当时代至成吉思汗子孙统治天下大部分地方的时代，历史上未曾有过，文献中也未曾记录过；任何王朝的帝王也从未拥有过像蒙古军这样的军队：如此坚韧不拔，对饱暖知恩图报，在顺逆环境中服从其将官；这既不是指望俸禄和采邑，也不是期待军饷和晋级。组织军队的最好方法确实莫过于此；因为狮子只要不饿，根本不去猎取、袭击野兽。有句波斯格言说：“吃得太饱的狗不猎野兽。”还有句说：“饿着你的狗，它才跟你走。”

整个世界上，有什么军队能够跟蒙古军相匹敌呢？战争时期，冲锋陷阵时，他们像受过训练的野兽，去追逐猎物，但在太平无事的日子里，他们又像是绵羊，生产乳汁、羊毛和其他许多有用之物。在艰难困苦的境地中，他们毫不抱怨倾轧。他们是农夫式的军队，负担各类赋役，缴纳分摊给的一切东西，包括忽卜绰儿、杂税、行旅费用，还给军队供给驿站、马匹和粮食，从无怨言。他们也是服军役的农夫，战争中不管老少贵贱都是武士、弓手和枪手，按形势所需向前杀敌。无论何时，只要抗敌和平叛的任务一下来，他们便发放需要用的种种东西，从十八般武器一直到旗帜、针钉、绳索、马匹及驴等负载的动物；人人必须按所属的十户或百户供应摊派给他们的那一份。检阅的那天，他们要摆出军备，如果稍有缺损，负责人要受严惩。哪怕在他们实际投入战斗时，还要想方法设法向他们征收各种赋税，而他们在家时所

担负的劳役，便落到他们的妻子和家人身上。因此，倘若有强制劳动，某人应负担一份，而本人又不在，那他们的妻子要亲自去，代他们履行义务。

军队的检阅和召集，如此有计划，以致他们废除了花名册，用不着官吏和文书。因为，他们把全部人马编成十人一小队，派其中一人为其余九人之长；又在每十个十夫长中任命一人为“百夫人”，这一百人均归他指挥。每千人和每万人的情况相同，万人之上置一长官，称为“土绵长”。按照这种组织，每逢情况紧迫，需要人或物，他们就交给土绵长办理，土绵长再交给手下的千夫长，如此降至十夫长。其中有一种真正平等的精神，每人的劳动都和他人一般多，没有差别，因为不管钱财和势力。如果要突然召集士兵，就传下命令，叫若干千人在当天或当晚的某个时刻到某地集合。“他们将丝毫不延误（他们约定的时间），但也不提前。”总之，他们不早到或晚到片刻。他们的服从或恭顺，达到如此地步：一个统率十万人马的将军，离汗的距离在日出和没之间，犯了些过错，汗只需派一名骑兵，按规定的方式处罚他，如要他的头，就割下他的头，如要金子，就从他身上取走金子。

这是伊朗历史学家志费尼在《世界征服者史》一书中所写的成吉思汗的札撒。从文字风格来看，志费尼是通读了成吉思汗的札撒后，从中挑出一些进行叙述。

人们常说：“听话的马注定跑不远，不听话的羊注定回不了羊圈。”成吉思汗是大草原上的天可汗，他所说的话应当一言九鼎、气吞山河。很显然，他非常明白自己在称汗后该如何统领军队，如何管理草原。不久，他便制定了一系列关于治理蒙古军队的札撒。邱树森先生曾说："成吉思汗建立了司法机构和初步的成文法。他任命其义弟失吉·忽秃忽为'札鲁忽赤'（断事官）。失吉·忽秃忽根据成吉思汗'凡断了的事，写在青册上'的指示，编成'札撒黑'（习惯法），以此标准来断决各种案件。"

成吉思汗当时颁布的札撒对蒙古帝国来说是非常重要的改革文件，作为正式法令对领导权、社会习俗和律令都重新规定，规范了各阶层人的行为准则。

政治制度中，最高权力集中于汗，全蒙古只能有一个在位的君王、一个汗的称号，若汗死，只能由成吉思汗的后裔继位，但必须经贵族议会的推举。正是由于这个制度，蒙古帝国被现在的一些研究者认为是世界上最早实行民主选举制度的国家。

军事制度上，编制了军政同一的千户军，家有男子15岁以上70岁以下，尽签为兵，十夫长、百夫长和千户长就是这些士兵的军政长官。千户、万户的名号代替了原来的氏族、部落的名号，变成了有编制的军队，而不是随时可以分裂，随时可以投奔他部的松散的部落联盟。开国有功者为千户，分封所得的牧地范围，世袭管理。千户既是行政的，也是军事的组织，他们要生死在一起，在战斗中若不是整个军团退却，部分退却者一律处死，若有人被俘，同伴没有去救也要被处死。人们只能留在指定的百户、千户或十户内，不得转移到另一单位去，也不准到别的地方寻求庇护。违反此令迁移者要当着军士的面被处死，收容者也要受严惩。因此，谁

都不得庇护谁；如果长官是位宗王，那他绝不会让一个最普通的人在他的队伍中避难，以免破坏这条札撒。所以没有人能够随意改换自己的长官或首领，别的长官也不能引诱他们离开。

由这些札撒可以看出，这一组织已经不是单纯的军事组织了。对此，范文澜先生曾说：“它已不是氏族部落的血缘组织，而是在新兴的蒙古国家统辖下的各级军事、行政机构。军事系统和行政系统相结合，是蒙古国家的一个明显特点。”

另一条札撒规定：他们的领土日广，重要事件时有发生，因此了解敌人的活动变得重要起来，而且把货物从西方运到东方，或从远东运到西方，也是必需的。为此，他们在国土上遍设驿站，每所驿站的费用和供应均有安排，配给驿站一定数量的人和兽，以及食物、饮料等必需品。这一切，他们都交给土绵分摊，每两个土绵供应一所驿站。如此一来，他们按户籍分摊、征索，使臣用不着为获得新鲜食物而长途迂回，另一方面，农夫、军队也免遭不时的干扰。尤有甚者，使臣有严厉的指令，命他爱惜马匹，等等。驿站每年要经过检查，有所缺损，必须由农民补偿。

札撒规定的刑罚非常严厉，对杀人者、通奸者、盗窃者处以死刑；抓了别人的逃犯不归还其主人的、经商而第三次破产的人将也被处死；对汗出恶语的人，用土填嘴，然后杀死。几乎所有的犯罪都会被处死刑。

无敌于天下的蒙古军队的一切军事制度和军事技术，就这样经成吉思汗之手逐渐建立起来。这些札撒的制定对成吉思汗在日后征服世界中起到了很大的作用。正如范文澜先生所说：“随着大汗权威的不断提高，成吉思汗的命令被记录下来就是札撒，并被奉为神圣的法律条规。札撒具有保护私有财产和奴隶主贵族利益的强烈阶级性，它确认奴隶主的父权、夫权和财产继承权，以及可以任意处置奴隶的权力。札撒对巩固新建的奴隶制国家和奴隶主的统治起了显著的作用。”

有的历史书说，成吉思汗不识字，但又有人说，这些札撒是成吉思汗亲手制定的。不管怎样，大汗在草原人民的心目中是天神一般的人物，识不识字并不会影响成吉思汗的形象，只是与他大汗的身份有些反差而已，但这更能吸引人们去关注和猜测。其实，这些都不会影响他成为伟大的成吉思汗！

唯大英雄真本色

1937年的一天，成吉思汗的灵魂遗物——一面由黑马鬃制成的精神之旗神秘消失。这面旗帜当时被保存在蒙古中部黑尚赫山下月亮河畔的佛教寺庙中，在那里，虔诚的喇嘛们曾护卫并尊崇它长达几个世纪之久。可是当历史迈进20世纪30年代后，斯大林的追随者们在一系列遏制蒙古文化与宗教的运动中，捣毁了一座座庙宇。据说，有人曾秘密地从尚赫寺抢救出成吉思汗的灵魂化身——精神之旗，并将其带到蒙古国首都乌兰巴托保护起来，但它最终消失在那里。

正是这面精神之旗护卫成吉思汗南征北讨，年复一年，成吉思汗击败了一个又一个比他更加强大的竞争者，追随着那面精神之旗不断取得胜利。

雄鹰一定要飞上天空才会鸣叫，英雄的血一定要洒在战场上才是大英雄的真本色。成吉思汗当然不能例外，即使到了生命的最后关头，他仍然高举精神之旗屹立在战场的最前沿。

对此最恰当的解释莫过于邱树森先生所言："以成吉思汗为首的蒙古贵族阶级的哲学就是不断地发动对外战争。也正如成吉思汗自己所言：'世界广大，江河众多。你们攻占外国，去各自分配，扩大自己的牧地。'换句话说，成吉思汗的意思就是：要想富贵，就去抢掠；要想称王，就去攻占外国。"

1227年8月18日那一天，一代天骄高大威武的身躯突然倒下，似乎他倒下时，应该伴随着不绝于耳的阵阵轰鸣，世界也应该发出巨大的战栗，才足以配得上他的死亡。然而，他只是悄无声息地去了，带着无尽的遗憾，带着无数的谜团，带着后人毁誉参半的评价，归于沉寂。

历史已宣告了太多的征服者最终可悲的结局。亚历山大大帝33岁死于巴比伦神秘的环境之下，而他的部下则趁机将其家族灭门，并瓜分了他的领土；恺撒的贵族同伴和以前的盟友在罗马元老院背叛了他，并在议会厅里将其杀害；当所有的征服成果被摧毁与被颠覆之后，孤独而又痛苦的拿破仑被关押在偏远而又闭绝的无人孤岛上，莫名而终；然而，年近七旬的成吉思汗却是在他营帐内的床上去世的，亲属、朋友以及忠诚的士兵都围聚在他的身边。相比之下，他连死也令人羡慕。

但是，说成吉思汗是英雄并不代表否认他的血腥，相反，那些被成吉思汗征服的人群中有相当大的一部分是在暴力和血腥之下无奈地活着。只是，即便有血腥和暴力，他仍然是一位本色英雄。

排除掉成吉思汗身上神的因素，把他还原到真实的人，我们还可以从中看出他身上折射出的另一种美。他曾经对自己的儿子说："一个光荣的士兵，就不能老死。"在西征的途中，他对士兵说："我们这些做儿子的人，走得越远，就是为了我们的草原越安全，神在我们的草原上居住，我们不能让任何人打扰神。"他也曾在救回被掳走的妻子后对她说："什么是爱？就是那些受尽折磨但仍忠贞不渝的热烈。"

所有的这些，都是一个大英雄的本色体现，更是一个民族自强不息的精神。

诗人苏浅曾写过这样一首诗——《成吉思汗》，就让我们用这首诗为英雄的一生画上一个完满的句号吧。

他用后人的记忆

拴马。在柳暗花明的十三翼之下

拓展草原

这是英雄的出处，晴天，江山万里

西征的大旗猎猎

马蹄踏到元朝，边疆战火渐熄
后来者可以安睡了
他也只在梦里，来到我们中间
偶尔弯弓，不射大雁
只把春夏秋冬
从后到前，一一推进他的版图

而历史将继续信任
一代天骄，他的库力台，他的苏勒定
他搭起的箭镞
也将以其他事物的名义，在我们
身后出现

丘处机不远万里觐见

王重阳于1167年创立全真教，其教义主张儒释道三教合一。其弟子丘处机，生于1148年，金代山东栖霞人，字通密，号长春子，后赠号长春真人，与丹阳子马钰及其妻子清静散人孙不二、长真子谭处瑞、广宁子郝大通、玉阳子王处一、长生子刘处玄合称全真七子。作为王重阳第一位弟子，丘处机因虔诚、机敏、好学深得王重阳器重，在王重阳病逝后更是继承全真大业，此后六年一直隐居磻溪穴，外出必戴蓑笠，所以世人又叫他“蓑笠先生”。随后，他又赶赴宝鸡龙门山隐居潜修七年，成为全真龙门派创始人。丘处机主张三教平等、相通、互融，主张修道应出家，断绝一切尘缘，他认为清心寡欲是成仙之本，著有《鸣道集》《摄生消息论》《磻溪集》《大丹直指》等书。

丘处机原本只是一名全真教的道士，就算后来他接任了掌门人一职，也只是一名修行之人，怎么会跟成吉思汗扯到一起呢？

时局动荡，金人入主中原之后，百姓的生活可谓是水深火热，这个时候人们往往需要一个精神寄托。全真教应时应景地创建了，人民视其为黑暗之中的唯一光明，都极其拥护。“水能载舟，亦能覆舟”统治者都明白这个道理，他们需要一个能帮助他们安抚民心的人，而这一时期，丘处机的声望极高，成吉思汗自然也知晓了他。

当时成吉思汗的军事力量日益壮大，他正规划着统一大业应该如何实施，自然希望贤能之士越多越好，能助他打天下。在得知丘处机博古通今，才能超群后，成吉思汗十分想招其为国师，为自己安邦治国，于是先后两次派遣使者传召丘处机。哪知丘处机隐居山林，深入浅出，对他根本是避而不见。但成吉思汗没有放弃，又于1219年第三次派遣近侍臣刘仲禄备轻骑素车、携带手诏请丘处机出山，心之诚不亚于当年三顾茅庐的刘备。丘处机也终于被成吉思汗的诚意打动，于1220年，西行拜见成吉思汗。其实对于丘处机来说，做出这个决定不仅是被成吉思汗的诚意所打动，他还有另一个想法，就是试图通过此次西行游说成吉思汗“放下屠刀”，早日撤军。

丘处机率18名弟子在万里西行的过程中，向各族群众

广泛传道，招收信徒。在行至今天的蒙古国西部科布多时，丘处机将弟子宋道安、李志常等留下，建立了全真道观，成立全真教的组织。丘处机不仅在精神层面宣扬全真之法，更是身体力行地让人们了解教义。他沿途广施善事，在中亚的撒马尔罕等地，利用成吉思汗赐予自己的粮食熬粥施舍给饥民。丘处机所到之处，得到了各州县和行省文武官员的迎送，受到了热烈欢迎和隆重接待。而当成吉思汗看到丘处机鹤发童颜、仙风道骨的样子后，更是认为此人是助自己一统天下的贵人，对待丘处机自然是犒赏大增。

这便是成吉思汗不远万里，三次诚心召见丘处机的原因。

专栏

成吉思汗猝死谜团

一代枭雄成吉思汗，带领蒙古族人四处征战，是一位拥有雄图霸业的征服者。然如此伟大的征服者，在他死后也给后世留下许多未解之谜，吊足了无数人的胃口。其中，最具疑问的历史悬念就是成吉思汗到底是怎么死的?

1226年，成吉思汗亲自率十万大军进攻西夏，于次年正月包围西夏都城中兴府。同年6月，成吉思汗到六盘山去避暑。西夏首都中兴府发生了强烈地震，房屋倒塌，瘟疫流行。没有粮食的西夏国不得不向成吉思汗投降。然而就在西夏投降后，成吉思汗却猝死在六盘山。

据明太祖朱元璋称帝后下诏修改的《元史》记载："(1227)秋七月壬午，不豫。己丑，崩于萨里川哈老徒之行宫。"这些文字看似言简意赅，实则语焉不详，因此后世一直不知道成吉思汗到底怎么死的。

关于成吉思汗的死因，后世大概有五种说法，且多与西夏有关。

一是"坠马说"。这一说法记载于《元史》中，是几种说法中最正统，也是最为多数人所知晓的。1226年秋天，成吉思汗带着夫人也遂去征讨西夏国。冬季时，他在一个叫阿儿不合的地方打猎。不想他骑的红沙马被

一匹野马惊着了，导致没有防备的成吉思汗坠落马下受伤，当夜就发起了高烧。于是也遂便询问随从的将领该如何是好，有人建议反正西夏城池都在，一时半会儿也逃走不了，干脆回去养伤，等好了再来攻打。但是成吉思汗却十分要强，不想被西夏人笑话。加之正好西夏一个叫阿沙敢不的大臣讥笑他，成吉思汗听后，更加不愿退兵，遂挺进贺兰山，将阿沙敢不灭了。但此后，成吉思汗的伤病一直未好，反而加重了，到1227年农历七月十二终病逝。

二是“中毒说”。这种说法来源于《马可·波罗游记》。马可·波罗是13世纪意大利商人，于1275年到达中国，和元朝有过17年的交往。他在其游记日记中这样记叙：成吉思汗在进攻西夏围攻太津（吉州，古要塞）时，膝部不幸中了西夏兵士射来的毒箭。结果可想而知，毒箭攻心，伤势益重，一病不起。但是民间对“中毒”却有另一种说法：成吉思汗是让被俘虏的西夏王妃古尔伯勒津郭斡哈屯，在陪寝时下毒毒死的。

三是“被刺说”。这种说法与上面被俘的西夏王妃有关。说是这位王妃，在陪寝的时候，乘成吉思汗放松警惕，刺死了他。这一说法源于成书于清朝康熙元年（1662）的《蒙古源流》。此书是蒙古喀尔喀部亲王成衮扎布进献给乾隆皇帝的礼物。乾隆命人将其译为满、汉两种文本，并题书名《钦定蒙古源流》，收入《四库全书》。应该说，这一说法也具有很高的可信度。

四是“被咬掉生殖器说”。这种说法，既未见于正史之中，野史中也没有相关记述，但却在外蒙古人中流传。这一风流事件也与西夏王妃有关。

五是“雷击说”。出使蒙古的罗马教廷使节约翰·普兰诺·加宾尼在其所写文章中透露，成吉思汗可能是被雷电击中身亡。“在那里却有凶猛的雷击和闪电，致使很多人死亡。”因此，蒙古人很怕雷电。南宋彭达雅所著《黑鞑事略》记载，“鞑人每闻雷霆，必掩耳屈身至地，若躲避状”。但是这种说法并没有直接的证据，比之上者较为离谱。

第二章 “黄金家族”的荣耀

成吉思汗教导他的民众不仅要远距离作战，而且教导他们要维持数年、数十年的作战，而最终，持续的战争超过了三代人。但对于黄金家族来说，他们继承了成吉思汗骁勇善战的品质，又开始了新一轮的开疆拓土，他们热衷于此，并且享受着由此而来的荣耀。

成吉思汗去世后，虽有遗命令窝阔台继承汗位，但是拖雷监国两年也有足够的实力问鼎大位，因此，窝阔台与拖雷开始了暗中争夺。由谁来做大汗将会直接影响到蒙古帝国的稳定和以后的发展方向。在这个过程中，耶律楚材起了很大的作用，他希望选择一个有政治才能的人来当大汗，而窝阔台见识颖敏，意志坚定，是理想的人选。拖雷却崇尚武力，不喜儒生。因此在最后时刻，耶律楚材没有倒向多数人支持的拖雷一边，而是以成吉思汗遗诏为名，敦促拖雷“早定宗社大计”，从而打消了拖雷故意拖延选汗日期的打算，使窝阔台最终登上了大汗的宝座。

杰克·威泽弗德曾说：“在庆祝自己即位为大汗时，窝阔台喝得酩酊大醉，显示出慷慨大方的品质，他将父亲的金库公布于众，把那里贮藏的所有财富全部分发……”大概就在此时，这个家族被赋予“黄金家族”或“黄金世系”的称号。对草原人来说，黄金象征着王权，也代表着巨额财富。

登上大位的窝阔台汗又将把蒙古帝国引向何方呢？

一代天骄的战略遗愿：联宋灭金

成吉思汗病逝前，已经预见到自己的大限将至。临死前，他把随军的儿子和部将都叫到跟前说：“金朝的精兵在潼关，潼关北靠黄河，南据华山，我们如果正面进攻，难以一下攻破。如果假道南宋，宋金两国是世仇，宋人一定会同意。这样我们就可以避其精锐，然后从背后发兵直捣汴京。汴京危机之时，金朝必从潼关调兵。而等潼关数十万军兵千里赴援到汴京，人马必然疲惫，疲惫的兵马是没有什么战斗力的，因此，汴京一举可破。”

后来窝阔台忠实地执行了这一策略将金朝灭掉了，成吉思汗的军事思想在其逝世后又一次取得了成功。

1229年年底，窝阔台与拖雷率军穿过大漠南进，次年率军攻金。金朝急忙调整部署：增加凤翔、京兆（今西安）等州府守城兵力；抽调忠孝马军入关，加强京畿外围突击力量；改陕西西路行省及陕西东路行省为陕西两路行省，置于阌乡（今河南灵宝西北），增强潼关防御。1231年2月，蒙古军攻克金兵军事要地凤翔。5月，窝阔台回官山九十九泉（今内蒙古灰腾梁）召集诸王将领商议灭金战略。窝阔台采纳拖

雷之策，决定分三路进攻。

窝阔台汗统中路军，由碗子城（太行山之隘）南下渡河，由洛阳进攻；斡惕赤斤那颜统左路军，由济南进攻；拖雷统右路军率3万骑兵穿过西南方，借道宋朝，对金形成了大包抄之势。拖雷穿过宋境，突然出现在河南南部南阳附近的金境内。

同时，窝阔台已经任命他最杰出的战略家、波斯和俄罗斯战争中的胜利者速不台去围攻南京（今开封）。南京军民奋力抗战，金哀宗却遣使议和，南京城内一片混乱。最后，金西面元帅崔立杀死留守的完颜奴申、完颜习捏阿布，献城投降，并将两位王后、两位宗王及五百名宗室贵族带至蒙古军营。1233年4月，蒙古军入据南京。金哀宗已逃出城，企图在开封城外的其他地区组织抵抗。最初，他逃至归德（今河南商丘）避难，后又逃到小城蔡州（今河南汝南）。

宋朝内部就对外政策产生争议。一些人出于仇视金朝的情绪，主张联蒙灭金，恢复中原；另一部分人则相对理性，援引当年联金灭辽的教训，强调唇亡齿寒的道理，希望以金为藩屏，不重蹈覆辙。无休止的争论使宋朝在这两种意见之间摇摆不定，既未联金抗蒙，也未联蒙灭金。然而，随着蒙古与金之间战事的推进，在金朝败局已定的情况下，宋理宗赵昀最终还是做出了决策。

绍定五年（1232）十二月，蒙古遣王檝来到京湖，商议宋蒙合作，夹击金朝。京湖制置使史嵩之上报中央，当朝大臣大多表示赞同，认为此举可以报靖康之仇，只有皇族赵范不同意，主张应借鉴徽宗海上之盟的教训。

一直胸怀中兴大志的理宗把这看作是建立盖世功业、留名千古的天赐良机，正好此时史弥远也渐渐走向黄泉路，对理宗的控制微微减弱，理宗为了一展心中抱负，让史嵩之遣使答应了蒙古的要求。蒙古则答应灭金以后，将河南归还给宋朝，但双方并没有就河南的归属达成书面协议，只是口头约定，这为后来留下了巨大的后患。

金哀宗见宋助蒙攻金，便派皇族完颜阿虎去宋朝和谈说："蒙古灭国四十，以及西夏，夏亡及于我，我亡必及于宋。唇亡齿寒，自然之理。若与我联合，所以为我也是为宋也。"但是，宋朝拒绝了金国的提议。

1234年3月，当蒙古人发动最后的攻击时，金哀宗见蔡州无法守住，便说："我为金紫十年，太子十年，入主十年，自知无大过恶，死而无恨，只恨祖宗传国百年，至我而绝。"随后便在幽兰轩自缢而死。

对于这次战争，朱东润先生说："这一类的事实，并不足奇。大致在彼时北方的汉人眼中，女真人也是要不得，所以听到蒙古人的侵掠，多数人认为是汉人抬头的机会，这正和北宋联合女真灭辽，南宋联合蒙古灭金，是一样的心理。至于辽人既灭而女真之祸更甚于辽，金人既灭而蒙古之祸更甚于金，本来无从逆料，总之，没有身受蒙古之祸的人却认为是民族复兴之机。"由此可见，这次战争从表面上看，宋朝也取得了胜利，但实际上经过此战，宋朝的位置更加孤立，它直接与蒙古帝国接壤，加速了灭亡的步伐。

金国灭亡后，蒙古成了宋王朝的近邻。为报答宋朝在攻金的最后战斗中的援助，窝阔台允许宋朝收复今河南东南部

的一些地区，这应该是一种欺骗性和迷惑性的报答。然而，南宋的统治者还沉浸在迷梦之中，并没有领会到其中更深层次的含义，他们想得到河南全境。

端平入洛，化为泡影的收复故都梦

金朝的灭亡，使收复故都的念头在一部分宋人当中急速升温。宋理宗决定乘胜追击，将失去的故土一并拿下，收入囊中。河南的归属未加以明确规定，金朝灭亡以后，按照事先约定，宋军和蒙军各自撤退。由于蒙古大汗窝阔台考虑到粮草不足，天气转热，遂将军队向北撤到黄河以北，河南成了无人占领的空白区。此时，蒙古在黄河以南的兵力只有大将速不台和塔察儿的两支机动部队，其余的守备部队都是原金兵投降蒙古被改编的汉军：刘福为河南道总管，都元帅张柔屯守徐州。南宋的边疆在荆襄推进到了信阳（今河南信阳）、唐州、邓州一线，主政人是京湖制置使史嵩之。另外两大地区川蜀、江淮一带也分别有人把守：四川制置使赵彦呐在川蜀一带据守，淮东制置使赵葵在两淮一线据守，全子才为淮西制置使，赵范为沿江制置副使。

金国灭亡后，宋蒙两国都知道为了灭金而临时结成的同盟有一天会瓦解，而他们也会反目成仇，在战场上兵刃相接，但谁都不想率先捅破这层薄薄的窗户纸。宋蒙双方就这样暗中观察着对方的动静，谁也不敢有大的动作，压抑的气氛弥漫着，正是山雨欲来风满楼。

终于宋理宗首先沉不住气了，空虚的河南对他充满了诱惑，他想来个先发制人，先占先得。而这时在朝堂之上，以赵范、赵葵兄弟为代表的一些人想乘着这大好时机抚定中原，提出据关（潼关）、守河（黄河）、收复三京（西京洛阳、东京开封、南京商丘归德）的建议。但是大部分的朝臣没有被金朝灭亡的消息冲昏头脑，依旧能够冷静分析局势，认为南宋在联蒙抗金的过程中也损失不小，军民都筋疲力尽，以现在朝廷的力量根本与强大的蒙古无法抗衡，而且一旦失手，还会给自己引火上身，此时并不是出兵收复失地的恰当时机，因此对出兵持反对态度。宋理宗罢免了反对出师的大臣吴渊、吴潜和史嵩之。其实，原本收复三京，最佳人选便是据守信阳、唐州、邓州一线的京湖制置使史嵩之，他的京湖军离三京最近，进兵方便，补给容易。若是京湖、两淮共同进军，保证供给，不失为一个好的战略。但是朝廷上的意见不一使这一切化为了泡影，也为收复故土的失败埋下了伏笔。

端平元年（1234）五月，宋理宗命全子才率一万淮西兵为先锋直趋汴京，命赵葵为主帅，率五万主力军作为后继，命赵范为两淮制置大使，驻军光州、黄州间负责接应，正式下诏出兵河南。因史嵩之认为京湖连年饥荒，无力承担这样的进攻，而且河南连年遭兵祸，要在当地获得补给也不现实，所以始终反对出兵。宋理宗就不起用京湖兵，只用淮西兵，但要求史嵩之负责为淮西军供应粮草。淮西军单枪匹马发起了进攻，一场不成熟、计划不周密的军事行动拉开了序幕。

六月十二日，全子才率领先锋队的一万兵士浩浩荡荡地踏上了征程。他们从庐州（今安徽合肥）出发，向河南进军。当他们踏上中原土地的那一刻，映入眼帘的不是往日繁华的街道，熙熙攘攘的人群，却是一副荒凉破败的景象。昔日驻守在这里的蒙古大军早已撤离，而曾经生活在这里的百姓又大多死于连绵的战火，空空荡荡，毫无生机。由于没有了阻碍，宋军很快就收复了南京归德府，随后他们继续向汴梁进发。驻守汴梁的部分旧金国降蒙将领因不满蒙古的残酷统治，主动向全子才献城投降。就这样，全子才不费吹灰之力便得以进驻汴梁城。此时的汴梁城已繁华不再，宛若一座孤魂野鬼出没的寂寥空城。

收复汴京的消息传回南宋，朝野上下几乎都沸腾了，人们奔走相告，喜悦之情溢于言表。大宋帝国，终于在此时一雪二宗被掳、朝廷南迁的耻辱了！宋理宗也沉浸在胜利的喜悦当中，迫不及待地给将士们升官，统帅赵范晋封东京留守，前线总指挥赵葵晋封南京留守，全子才晋封西京留守。

南京、东京二京已经安全收入囊中，此时只剩下西京洛阳，收复三京的大业似乎是唾手可得，宋军意气风发，势在必得。但是宋军却不知蒙古铁骑已经悄悄地埋伏好，等着宋军来自投罗网。

全子才率军接连拿下南京、东京，又获封赏，自是意气风发。但他占领汴梁后，却一直无法展开军事行动。宋军内部的分歧给他造成了极大的不便：史嵩之在运粮事宜上加以拒绝，军粮不得不从两淮千里迢迢地转运，而两淮的运粮队又陷入黄河泥潭，后方粮草供给不足，士兵们大多处于饥一顿饱一顿的不稳定状态，体力逐渐不支。如此一来全子才无法继续进军，贻误了战机。然而使局面更糟糕的事情发生了：半个月后，赵葵到了汴京，不考虑宋军正遭遇的问题，就不分青红皂白地指责全子才没有继续西进攻取洛阳。他一心想着要建功立业，不顾及后果，便兵分两路，在粮饷不继的情况下率领一部分军队继续向洛阳进军，其余的留守汴京。

本来将士们就因为粮食不足，体力下降，而兵分两路又使得兵力分散，凝聚力、战斗力都直线下降，主动给蒙古军创造了有利条件。结果可想而知，宋军一到达西京洛阳就被潜伏在此守株待兔的蒙军打了个落花流水，狼狈撤回。由于赵葵的心浮气躁，使得宋军完全丧失了在收复西京上的主动权，大势已去，宋军狼狈南撤。牵一发而动全身，西京战争的失败给其他地区也造成了极坏的影响，宋军士气一落千丈，全线败退。已到手的二京再一次落到了别人的手中，宋理宗收复故土的希望又一次化为了泡影。

宋军此次共出动六万将士，结果是数万精兵死于战火，兵力丧失近半而寸土未得。投入的大量物资付诸流水，原本就积贫积弱的南宋受到严重削弱，国力一蹶不振。“端平入洛”使南宋损失惨重，赔了夫人又折兵。更糟糕的是，“端平入洛”成了宋蒙战争的导火索，它使蒙古找到了进攻南宋的借口，蒙古由此开始了长达半个世纪的攻宋战争，加速了宋朝的灭亡。

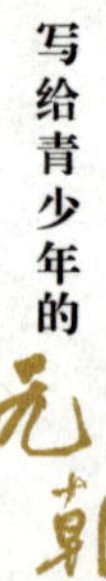

盗南宋皇陵，覆亡之根已埋下

中国帝王陵寝不被盗者已是寥寥无几，屈指可数。在这些被盗掘陵寝中最为悲惨的就是南宋皇陵，帝王的尸骨无一能够得到保全。

宋朝皇帝陵墓本在河南奉先（今河南巩义），北宋九帝中，除了被金人掳走的徽、钦二帝客死异乡，其余的七帝均葬在这里。北宋灭亡以后，河南地区被金朝控制，宋帝当然不能继续葬在奉先。“靖康之耻”后，高宗赵构南迁至临安，建立南宋王朝。绍兴元年（1131），北宋哲宗皇后孟氏去世，她留下遗命，让高宗皇帝派人先择地“攒殡”，待恢复中原以后，再归葬河南。哲宗皇后孟氏被葬于绍兴府会稽县宝山泰宁寺，后来此地就成了南宋的皇家陵园。南宋先后有九位皇帝，其中六位的陵墓都位于浙江绍兴宝山，分别是宋高宗赵构的永思陵、宋孝宗赵昚的永阜陵、宋光宗赵惇的永崇陵、宋宁宗赵扩的永茂陵、宋理宗赵昀的永穆陵、宋度宗赵禥的永绍陵。末三帝葬在哪里，已经无所考证。南宋皇陵实际上是“攒宫”，也就是攒集梓宫，暂葬地。因为考虑到以后要将帝王的棺椁迁回河南巩义祖陵区内正式归葬，所以棺椁葬得比较浅，这就为后来的盗墓贼盗掘陵墓提供了极大的便宜。

宋朝灭亡不久，在元朝政府的默许之下，出现了一起历史上空前规模的盗墓行动。这次盗墓行动的罪魁祸首是吐蕃僧人杨琏真迦，杨琏真迦是吐蕃高僧八思巴的弟子。元世祖忽必烈崇尚佛教，对吐蕃的佛教大师们尊敬有加。忽必烈尊八思巴为帝师，一人得道，鸡犬升天。杨琏真迦凭借老师的关系深受忽必烈的青睐，被任命为江南诸路释教总摄（总管江南地区佛教事务的官员），总管江南地区佛教事务。

首先遭到毒手的宋朝皇陵是魏王赵恺的坟墓。赵恺是孝宗赵昚的次子，他死后被葬在会稽县山阴法华山天长寺。至元二十二年（1285），会稽县泰宁寺僧人宗允、宗恺为讨好杨琏真迦，勾结天长寺僧人福闻发掘了魏王赵恺的陵墓。皇陵打开的瞬间，他们被里面豪华气派的陪葬品吸引得挪不开眼球。他们疯狂抢夺，获得了大量的珠宝，并献给了杨琏真迦。魏王陵的发掘极大地刺激了杨琏真迦等人的贪欲，他们首先瞄准了宁宗赵扩及皇后杨氏、理宗赵昀、度宗赵禥的陵寝。

四座皇陵之中，理宗赵昀陵寝中所藏宝物最多。据称当他们打开墓葬的时候，有耀眼的白气一飞冲天，这些白气由宝气凝聚而成。他们打开理宗的棺椁，见尸体仍完好无损，栩栩如生，有人说这是因为理宗口中含了可防腐败的夜明珠，这伙丧尽天良的盗贼于是将理宗的尸体搬出墓穴，倒悬在树上取出夜明珠。杨琏真迦一伙在一阵疯狂掠夺之后满意而归。

之后南宋皇帝的帝王陵无一例外，均遭到杨琏真迦的毒手。墓内陪葬品被杨琏真迦一伙人洗劫一空。这些帝王们在生前已受到压迫和屈辱，应该不会想到死后在阴间也会落得

个不得安生的下场。

吐蕃有“厌胜”之说，如果得到帝王的遗骸埋于地下，并在上面建造佛塔、佛寺，就可以压制原来朝代的人，防止他们兴风作浪。如果得到帝王的髑髅可以致巨富。杨琏真迦知道元世祖对南宋遗民的反抗甚为担忧，为了讨好他，在盗墓过程中将帝后们的骨骸全部掘出，收集于临安皇宫中，在上面建造佛塔来镇压不断反抗的宋人。更为残忍的是，杨琏真迦指挥手下将理宗的头颅从尸身上砍下，镶银涂漆，大加修饰一番，用作盛放酒水的器具。

后来，理宗的头颅一直在吐蕃僧人手中流传。明朝立国以后，太祖朱元璋得知此事，“叹息良久”，派人找到了理宗的头颅，于洪武二年（1369）以帝王礼葬于应天府（江苏南京），第二年又命人将理宗的头骨归葬绍兴永穆陵旧址，并重修了皇陵，将其他五帝的遗骸迁回攒宫，重新归葬。到此，宋朝皇帝们才得以真正安息。

为了使南宋遗民彻底对宋朝死心，甘于自己的统治，忽必烈对杨琏真迦的恶行不仅没有加以制止，反而采取了默许态度，不料却给自己的统治埋下了祸根。

宋朝遗民心中的神圣之地遭到破坏，自己的国君也成了孤魂野鬼，仇恨之心油然而生，不仅不服元世祖的统治，反而抗争得更加激烈了。

长子西征，将大汗之精神播撒欧洲

年已六十的速不台站在一处高地上黯然凝视着前方，陷入沉思。城堡外面布满一道道纵横交错的壕沟，虽然不深，却严重影响了蒙古骑兵的冲击阵形；一座座坚石垒成的岗楼，尽管规模不大，却仍然能将发动冲锋的蒙古骑兵，分割成一块又一块，以此削弱骑兵的力量。天下第一的蒙古骑兵，第一次面临严峻的考验。

面对蒙古骑兵的进攻，不里阿耳国倾其所有兵力，部署了三道防线。第一道，是摩拉里尔城；第二道，是与摩拉里尔相距一百四十里的莱萨城；第三道，则是与莱萨城相隔二百一十里的都城不里阿耳。

速不台动用了三个万人骑队，同时对不里阿耳的三道防线发动进攻，然而，连续三天的攻击，并没有瓦解掉不里阿耳的防线，杀敌三千，自损八百的战果，让速不台惊怒无比，心痛不已！

这就是“长子西征”途中一次著名的战役——不里阿耳战役的一个场景，没有人能想到，战无不胜的蒙古铁骑会在此处碰到一个硬钉子，虽然结果是蒙古骑兵胜了，但是也带给了他们许多的思考。他们不得不重新考虑自己的战略战术，不断完善自己的攻击策略。

长子西征源于成吉思汗的遗训：“我，指定我的孙子拔

都为蒙古大军的统帅，要他去征服世界，直到最后的海洋，直到蒙古马蹄能够踏到之处。到那时，瘟疫、饥饿和旱灾就会停止，普遍和平就会降临！”

鉴于此，太宗七年（1235）夏，窝阔台召开忽里勒台大会，决定遵从成吉思汗遗训，扩展疆土。他命令由各族宗王长子或长孙率兵西征，万户以下各级那颜也派长子出征。窝阔台又以大将速不台为先锋，长子术赤拔都为统帅率领全军西征。诸王子贵由、蒙哥等从征，因此这一系列战争又称“长子西征”或“诸子西征”。

成吉思汗曾鼓励他的子孙攻占外国，不断征服就是他毕生信奉的哲学。而长子西征就是这种哲学的再一次体现，成吉思汗的精神也随着蒙古铁骑的足迹撒到了欧洲广阔的土地上。正如朱耀廷先生所说：西征是以征服战争为直接目的，需要掠夺奴隶，需要抢夺地盘。

蒙古军队首先分路并进，1236年秋，会师于押赤河，速不台先克亦的勒河中游的不里阿耳国，蒙哥攻取钦察。1237年秋，诸路蒙军深入斡罗思，于次年分兵四路，连破莫斯科、罗斯托夫等十余座城市。1239年，蒙哥攻破高加索山北麓的阿速国，拔都长驱直入斡罗思南部。1240年，蒙古军攻占伽里赤国。1241年春，蒙古军再次分兵，一路攻入波兰的孛烈儿国和匈牙利的马札儿国，并进军西里西亚。在里格尼茨，蒙古军与欧洲联军发生激战，并取得胜利。这一战使欧洲诸国十分震惊，并感受到了这支来自东方侵略军的严重威胁。可惜由于教皇和德国皇帝的尖锐矛盾，未能采取一致的对策，使得这路蒙古军获胜后，又攻入了莫剌维亚，继而南下与拔都军取得了会合。另一路蒙军在进至维也纳附近的诺伊施达时，被奥地利和波希米亚联军击退，拔都西进受阻。

1242年4月，窝阔台汗的讣报到达西征军营，大军便趁机东还，拔都则领本部回到亦的勒河下游营地，留在了钦察草原。此后拔都在此地建立起钦察汗国（也称金帐汗国），以萨莱城为首都，西征到此结束。

曜质潜灵总幻观，所嘉忠赤一心殚

昆明湖——北京的西湖，既不胖也不瘦。虽然苏轼不曾来过这里，但另一位大学者，耶律楚材，却看中了它，以此为永远的安息之地。他随蒙古铁骑南征北伐时，时常怀念故乡山水，写下了“归隐西山五亩宫”等诗句。今天的万寿山，当时叫瓮山，因而昆明湖又叫瓮山泊。今人从颐和园东门进入，沿仁寿殿南侧前行至昆明湖东岸、文昌阁以北，仍能找见庭院深深的耶律楚材祠——北屋内陈列数米高的红土堆，即其遗冢，但已是乾隆年间重修的。

当时，乾隆造清漪园（今颐和园前身），在瓮山之阳挖出耶律楚材棺木，就下令“培土为山其上以藏之”，并加盖祠堂三间，内供塑像及墓碑。乾隆对耶律楚材的评价颇高：“闻其为楚材之墓久矣，使阅时而湮灭无传，岂所以褒贤劝忠之道哉？”他还亲笔题诗：“曜质潜灵总幻观，所嘉忠赤一心殚。无和幸免称冥漠，有墓还同封比干。窀穸即仍非改卜，堂基未没为重完。摛文表德辉贞石，臣则千秋定不

刊。”乾隆泼墨题诗，犹觉不过瘾，还让丞相汪由敦写一篇《元臣耶律楚材墓碑记》，极尽褒扬。被成吉思汗倚为左膀右臂的耶律楚材，入土五百年后，终于又一次赢得了一位隔世的知音——乾隆大帝。

耶律楚材，字晋卿，号湛然居士。因其住在北京玉泉山一带，所以又称玉泉居士。他本是契丹人，系辽太祖耶律阿保机九世孙，曾任金朝国史院编修及尚书右丞。成吉思汗攻破金中都后，首先想到了他，下诏书令其从军参政，并为之取了个“美髯公”的外号。这位一代天骄辞世前曾指着耶律楚材告诉其子窝阔台：“此人，天赐我家。尔后军国庶政，当悉委之。”窝阔台从其父之言，倍加重用耶律楚材；而耶律楚材也不负厚望，为蒙古帝国的繁荣立下了汗马功劳。

明朝的张溥认为他“相二帝，辟草昧，开基元德”，其功绩可与周召二公相比。沈德符对他的评价也很高，认为他“功德塞天地”，是一个“大有造于中国”的人。其时，蒙古立国未久，又连年征战，国库亟须补充。而蒙古人只知掳掠，不懂休养生息，给中原人民带来了深重的灾难。在这种情况下，耶律楚材设十路征收课税所，起用著名儒生二十余人，使税收工作取得了较好的成绩，所获白银五十万两，金帛、粮食等奇货无数。太宗感到非常惊奇，于是在中央设立中书省，拜耶律楚材为中书令，将更多的权力交给了耶律楚材，并明令规定“事无巨细，皆先白之”。至此，耶律楚材由掌管文书、占卜者的必阇赤变成了蒙古大汗的亲臣、重臣，成为权重一时的国相。

范文澜先生曾说：“窝阔台时，耶律楚材等人作为亡金地主阶级和汉文化的代表人，在促使蒙古适应中原的统治制度中起了一定的作用。”

位至中书令的耶律楚材励精图治，从政治、经济、文化思想等各方面推行封建化政策，将儒家的治国思想运用于实践当中，使蒙古帝国接纳了中原封建文化的洗礼，绕过了游牧民族的历史暗礁，促进了蒙古帝国从奴隶制向封建制的转化。具体表现在：重用儒臣，施行军政分立，加强中央集权等一系列措施，并反对屠杀，禁止扑买课税，对统治区的人民实行汉族编产制度。这些改革对国家的稳定和发展都有着巨大的作用。

比如在对待屠城这一事件上，蒙古军队侵略亚欧各国和征服国内各民族的时候，曾有这样的规定：凡是进攻敌人的城镇，只要对方进行抵抗，一旦攻克，不问老幼、贫富、逆顺，除了工匠，大部分杀戮，少数妇女和儿童成为奴隶。耶律楚材建议：凡是很巧的工匠，拥有财富的大户，都集中在汴京城里，这些人一概不能杀。窝阔台觉得有道理，就采纳了耶律楚材的建议。从此，蒙古军队屠城的事渐渐减少。

耶律楚材做出的丰功伟绩有目共睹，但是其背后的艰辛与艰难又是常人无法体会的。难怪元朝的宋子贞在评价耶律楚材时说：“在那个‘大乱之后，天纲绝，八理灭’的时代，‘以一书生，孤立于庙堂之上，而欲行其所学’，确实是很困难的。但他终于发挥他的才干，取得蒙古统治者的信任，在政治、经济、文化等方面进行广泛的改革，使‘天下之人固已均受其赐’，贡献之大非同一般。”耶律楚材因此赢得了“治天下匠”的美名。

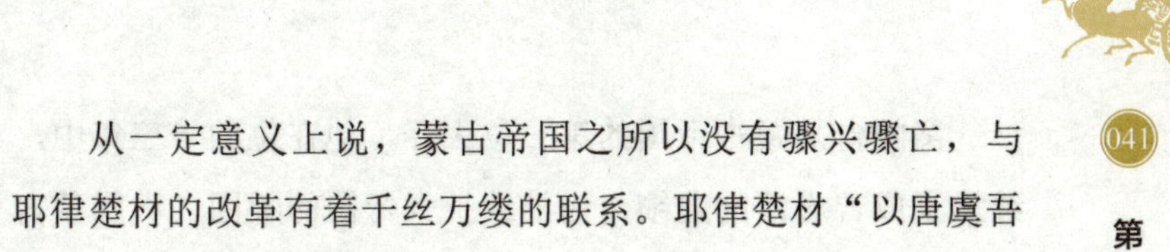

从一定意义上说，蒙古帝国之所以没有骤兴骤亡，与耶律楚材的改革有着千丝万缕的联系。耶律楚材“以唐虞吾君为远图，以成康吾君为己任”，“尽弥沦之术，入酬酢之汁”，终于使成吉思汗千辛万苦打下的江山巩固下来，为元朝开国奠定了基础。

1244年，一代贤相耶律楚材走完了他传奇而又光辉的一生，病逝于蒙古高原，遗嘱以马革裹尸运回燕京，埋葬在玉泉山下瓮山泊旁，全了他的思乡之情、念乡之意。此地原来很荒凉，芦苇遮天，自从耶律楚材归来之后，才变得热闹起来。高官显贵、文豪墨客都前来凭吊英魂。

窝阔台之以德治天下

中亚某国曾将一条用宝石镶嵌的金腰带献给窝阔台，窝阔台十分喜欢，平时都把它系在身上。有一次金腰带的扣子坏了，窝阔台就把它交给工匠修理。这位工匠私下里却把腰带拿出去卖了，对大汗派去拿腰带的人只推说还没有修好。最后，大汗手下的人觉得事情蹊跷，于是就把他抓起来严加审讯，他这才承认是自己卖掉了，于是，工匠被投入了死牢。窝阔台知道真相后说：“虽然这也是一桩大罪，但做出这样的事来，正说明他极端穷困、无路可走，给他一百五十两银子，让他重新做人，今后不许重犯。”工匠做梦也没有想到居然因祸得福，自然是感激涕零，逢人便称颂大汗的宽宏大量。

窝阔台是蒙古帝国的第二位大汗，他在位的十三年中，继承了成吉思汗的业绩，为继续扩大帝国的版图，巩固蒙古对北方草原和占领区域的统治，做出了卓越的贡献，被称为“马上治天下”的第一人。他在耶律楚材的辅佐下，制定和实施了许多治理天下的举措，受到了世人的广泛称颂。

宋濂在《元史·太宗本纪》中对他做出了极高的评价，说：“帝有宽宏之量，忠恕之心，量时度力，举无过事，华夏富庶，羊马成群……时称治平。”

如果用一个字来概括窝阔台的思想，那就是“德”。窝阔台实行以德治国的政策绝不是偶然为之，这是由那个时期特殊的社会状况决定的。当时，蒙古帝国虽然还在迅速扩张，但占领地的治理问题已经突出地摆在了蒙古人的面前，在这种情况下，光靠武力是不能解决问题的，而应该以一种仁慈的政治思想为基础，实现帝国的有效管理，让人民能够在思想和体制两方面来接受大汗的领导。

事实上，窝阔台也在尽自己所能来实现以德治国的思想理念。在窝阔台看来，作为永存之物的德，包括两个方面的内容，首先是忠，就是忠于祖业，忠于主人；其次是仁，就是对下仁慈。这些思想贯彻在他的治国方略中，无论是文治武功，还是日常的言行，他事事都以此为准绳。

一次，他对不愿执行其善行的诸臣说：“在这有盛有衰的世界上有无永存之物？”当诸臣齐声回答没有时，他却说：“错了，好的名誉和声名在这世上永存。”而所谓“好的名誉和声名”，就是他一直提倡的符合道德原则的人的言行。

《合罕言行录·概述》中曾记载窝阔台对他的下属们说："我们的习俗风尚的声名传给叛逆者，他们的心必然倾向我们……这种善行，使得军队和百姓免除征伐他们之苦，无须大量履危涉险。"在这里，善行被看成是比征伐更为优越的手段。

就窝阔台本人来说，他是这种"德"观念的忠实传播者和实践者。事实也证明，这样做的确为他赢得了好的名声和人心。就像志费尼在对窝阔台的德治思想进行评价时所说："我需要一个名字，因为肉体要死亡。"这就是说，好名声是永存的，比生命更加长久。

以德治国，还体现在治理"人心"上，"治心"才是一笔永恒的财富，而窝阔台当然也善于"治心"。据《合罕言行录》记载，窝阔台经常谈论古代帝王的统治经验。他对那种积聚财富珍宝的做法不满，他说："至于我们，为了我们的英名起见，我们将把自己的财宝储存在人们的心坎里，不给明天留下任何东西。"

对那些不愿实行德行的大臣，他多次对他们进行解释和批评，有时还气愤地说："你们是我真正的敌人。"有一次，宫中用人去枣店买回一盘枣，已经按照窝阔台的规矩多付了一倍价钱，但窝阔台还嫌少，叫人再添钱送去。这些能为自己迎来好名声的事情，窝阔台向来是乐此不疲的。

毫无疑问，他的这些思想和行为，对不断扩张的蒙古帝国来说，是绝对有积极意义的。它使被占领地区的人民，逐渐对蒙古人产生了认同感，从而接受了他们的统治。

《元史》中对他的评价是："举无过事。"意思是说他从未干过坏事。这显然是封建史学家的阿谀奉承之词。金无足赤，人无完人，古今中外，岂有例外？只不过，比起其他的几位大汗，他能够以德治国，显得宽厚仁慈了许多罢了。

1341年，窝阔台于狩猎后饮酒过量而死。

最后一次西征

据《出使蒙古记》所载，蒙哥汗继位后，曾有400名阿昔新人，化妆进入蒙古汗国境内，准备阴谋刺杀蒙哥汗。为此，蒙哥汗决定派其弟旭烈兀率大军前去征讨。大军出发之前，封禁了从别失八里（今新疆维吉尔萨尔护堡子）到呼罗珊（今阿母河以南，兴都库什山脉以北地区）、格鲁吉亚的所有牧场和草地，不准任何人在这一带打猎，并在深流巨川上搭起桥梁。由各地百姓每人交出1塔合面粉和1皮囊酒作为军粮。蒙哥汗诏谕旭烈兀一切事情均要遵守成吉思汗时期颁布的法令，对反抗者要坚决镇压，凡顺从者要赐予恩惠；并命令旭烈兀摧毁从忽希思丹到呼罗珊筑起的堡塞。1252年8月，怯的不花率领先头部队12000人出发。次年3月，渡过阿姆河，向忽希思丹发动进攻，占领其大部分地区。5月开始围攻作为亦思马恩派的据点之一的吉儿迭苦黑堡，用了两年时间将其攻克。就这样轰轰烈烈的旭烈兀西征拉开了序幕。

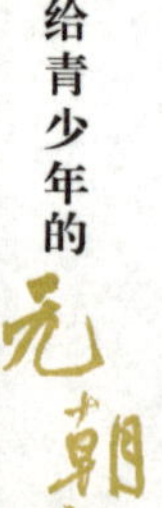

其实，宪宗元年（1251），蒙哥即汗继位后，就遵奉祖父成吉思汗遗训，决定再一次拓展疆土，开藩建汗。这一时期，在波斯境内尚有两个国家保持独立：一是立国于马三

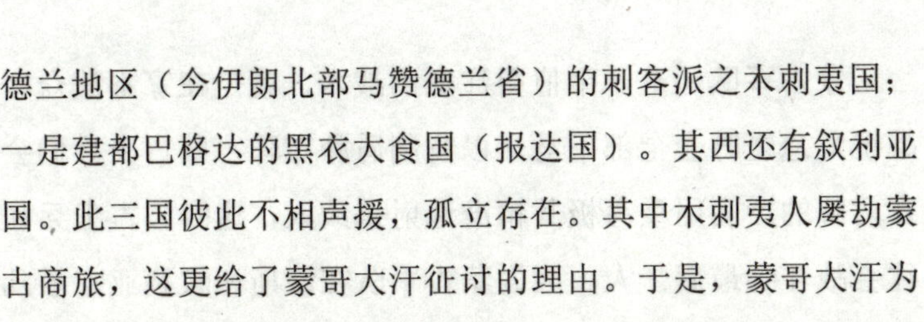

德兰地区（今伊朗北部马赞德兰省）的刺客派之木刺夷国；一是建都巴格达的黑衣大食国（报达国）。其西还有叙利亚国。此三国彼此不相声援，孤立存在。其中木刺夷人屡劫蒙古商旅，这更给了蒙哥大汗征讨的理由。于是，蒙哥大汗为了维护蒙古汗国的权益，扩大疆土，决定远征波斯，以图在该地建立一个统一的政权。元宪宗二（1252）年至世祖中统元年（1260）蒙哥汗派其六弟旭烈兀率领十万大军进攻波斯，这也是蒙古帝国最后一次大规模的西征。

此次西征，蒙古军队又一次显示了其高超的战略、战术。亨利·利德尔哈特如此评价：“在中世纪里，战略的最好例证并不出在西方，而是来自东方。13世纪，对于西方战略的发展来说，是一个卓有成效的时代。其所以显出光辉，是因为蒙古人给欧洲的骑士们充当了教师，使他们在战略方面得到了有益的教训。蒙古人所进行的各次战争，无论在作战的规模和艺术方面，在突然性和机动性方面，还是在战略和战术上采取间接路线的行动方面，不仅不会逊色于历史上的任何战争，甚至于还要超越这些战争。”

比如说，蒙古军队有一个惯用战术是佯装退却。当遇到强敌时，蒙古军队会故意乱糟糟地撤退，显得丧失斗志，引诱敌军紧追不舍，然后趁敌人队形散乱时，突然回头痛击。运用这个战术需要部队有非常强的纪律性和战术素养。相比较之下，欧洲军队就根本做不到，因为他们一旦后退，步兵就会立刻溃散，一发不可收拾。蒙古军队的指挥通常用旗帜，偶尔用鼓点和响箭，部队调动迅捷无声，让对阵的欧洲军队摸不着头脑。

蒙古军队还有一个值得注意的战术，就是在寡不敌众、战况危急之时会全部下马，以皮制盾牌布阵，蒙古士兵们会在盾牌的后面用重弓极其精准地射杀敌人，这时蒙古士兵往往会战斗到最后一人。因为蒙古军队在波斯和叙利亚吃了几次败仗，蒙古人的这个战术才被阿拉伯人载入史册。

蒙古军队的能征善战，由此可见一斑。

旭烈兀从蒙古出发，1256年渡阿姆河，会同怯的不花军攻打担寒山要塞吉儿都怯堡。大军一路杀伐征战，所向披靡，一直打到了叙利亚。1269年秋，旭烈兀分兵三路攻入叙利亚，次年1月，破阿勒颇城。叙利亚算端纳昔儿弃大马士革，打算逃亡密昔儿（埃及），后被蒙古军捕获。大马士革长官献城投降。就在这个时候，同样的历史又一次上演。正如，窝阔台汗的死曾拯救了欧洲一样，蒙哥汗的死讯也阻止了旭烈兀西征的脚步。对埃及来说，可以算得上是真主显灵了。

当使者送来蒙哥的死讯后，旭烈兀率大军返回波斯，留先锋怯的不花统率两万军队继续征进。7月，密昔儿马木鲁克王朝算端忽秃思（原为大臣，篡位自立）杀蒙古谕降使者，进兵巴勒斯坦；9月，与蒙古军大战于阿音札鲁德。因大军东返，军力不足，怯的不花战死，蒙古军全军覆没。忽秃思乘胜占领大马士革、阿勒颇和叙利亚全境，杀蒙古所置官吏，蒙古西征的势头被阻止了。

说来有趣，蒙古王子旭烈兀还被广大的基督徒视为救世主。旭烈兀率领的十几万大军中，来自基督教附属国的部队就有好几万人。其中，海屯亲率两万亚美尼亚铁甲骑兵打头

阵，蒙古军中显要的基督徒还包括旭烈兀麾下的第一悍将怯的不花。旭烈兀的王妃脱古思可敦是忠诚的景教徒，其人精明干练，称得上是巾帼英雄，蒙哥汗对她非常赏识，多次嘱咐旭烈兀遇到大事一定要和她商量。脱古思可敦对旭烈兀的宗教政策有着举足轻重的影响。

每每旭烈兀大军宿营的时候，军中的基督教士们就支起帐篷教堂，摇响木铃，召唤教徒们前来祈祷，这已经成为大军西征途中一道特殊的风景。

旭烈兀回到波斯后，闻听其兄忽必烈已继承汗位，自己就留在了波斯建立了伊利汗国。汗国的疆土东起阿姆河，西至小亚细亚，北临钦察汗国，南至印度洋，其都城为帖必力思。

旭烈兀和他的王妃于1265年相继去世，得到百万东方基督徒的哀悼。亚美尼亚史料这样写道："基督教的两颗巨星坠落了。"继位的阿八哈汗性情温和，志在守成，不再提起西征之事。自从1220年成吉思汗讨伐花剌子模帝国，掀起蒙古西征的滔天浪潮，历经四十年，掠地万里，灭国无数，到这时才终于退潮。

作为成吉思汗的孙子，旭烈兀有着血统身份上的天然优势，而一次次辉煌的战绩同样宣示了他无愧于成吉思汗的子孙。他将"上帝之鞭"伸向西亚，在其土地上建立了蒙古人的国家。伊利汗国尽管延续时间不长，但它的出现完全改变了西亚历史的走向。

除了伊利汗国，历史上所说的蒙古四大汗国的其他三个为钦察汗国（也称金帐汗国）、察合台汗国及窝阔台汗国。

成吉思汗在世时，他高大的身影足以将所有蒙古人团结在一起；当他去世后，他的子孙们很快就相互举起了原本对付敌人的刀剑。由于贵由死后窝阔台系同拖雷系的汗位之争，加上后来的海都反叛，窝阔台汗国在14世纪初就被察合台汗国兼并了。其他三大汗国也分别在14世纪中后期和15世纪中期因汗位争夺与诸侯叛乱先后灭亡。不过，这几大汗国名义上仍受元朝的控制。就像范文澜先生说的那样："忽必烈在汉地称汗建国时，西北的钦察、察合台、伊利三个兀鲁思（汗国）实际上已经分立，但是忽必烈和他以后的元朝皇帝，在名义上仍是蒙古大汗的继承者。各兀鲁思宗王推戴的君主，有权处理本国的大事，但须向元朝皇帝奏报。各兀鲁思汗位的继承也要得到元朝皇帝的认可。"

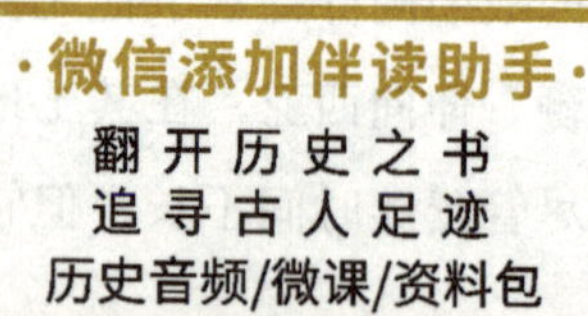

成吉思汗的骑兵为何能横行欧亚

蒙古骑兵向来所向披靡，百战百胜，攻城略地，少有败绩。那么，他们为何能征善战呢？蒙古人打起仗来有许多办法，并且也善用策略，蒙古骑兵服从、骁勇、顽强的精神是他们取得胜利的最重要因素。蒙古骑兵纪律严明，即使因小事违反军纪，也动辄受笞刑或死刑。所以，蒙古骑兵打起仗来非常勇猛，快速灵活，当然所向披靡，无可匹敌。

骑兵的勇敢是从小训练出来的，他们从3岁大就被绑在马背上，从此一生几乎都在马背上度过。蒙古马气力、耐力也非常惊人，它驮着骑者，能日行一百二十公里，而且途中只需要休息一次，喝水进食。这就使得蒙古军队占尽优势，他们能迅速集中兵力，从而造成人马众多、声势浩大的假象。

蒙古军队的组织异常严密，而且调动起来灵活迅速。一万名战士分成十个千人队，一队又分为十个百人队，这万名战士由大汗的一个亲戚或亲信指挥。两万人可组成一军。另外，大汗亲选一万名“体格矫健，技能好”的人，组成精锐的“护卫军”，在平时分为四班守卫，战时随大汗出征。

虽然全军的统一命令是由快马下达，但是将在外君命有所不受，个别将领在作战时享有极大自主权力。军队消息非常灵敏，在大军前面有斥候部队，随时将敌情送回军队总部。

而且在斥候部队前面还有大量敌后探子，他们会潜入敌城打探情报，扰乱人心。蒙古人特别喜欢结交商人，并招募商人从事谍报工作，可能是一部分商人唯利是图，比较容易收买吧！

此外，蒙古大汗还有一种最有力的武器，就是计划周详、时时刻刻对敌人施行心理战术。如果大汗想攻取的城市不愿意投降，那么，他们最终一定逃不掉屠城的下场。当时最大而兴盛的撒马尔罕和内沙布尔两城，就由于不愿投降在被攻克后被夷为平地，居民无一幸免。这个消息传开后，别的城市就不敢抵抗。但是有的即使投降也不一定能避过厄运。基辅城中的俄罗斯王公投降前虽得到宽大保证，但最后还是被扔在饮酒祝捷的桌下活活压死。阿富汗西北边境赫拉特城的居民在听到赦免消息后走出城外，却被全部杀死，整座城也被夷为平地。

蒙古人虽然有时候不免会杀伤无辜，有时还驱赶老百姓到阵前做挡箭牌，却并不轻视他们征服的民族，反而热衷于学习。但是最后，他们逐渐沉溺于养尊处优的生活中，失去了游牧民族的活力。

第三章 大哉，乾元

1271年，忽必烈完成了对中国的统一，改国号为元，取《易经》中“大哉，乾元”之意。的确，在历史上，唯一敢称其国大者，当属忽必烈。那个时候四大汗国都是元朝的附属国，如此胜景，普天之下，谁与争锋？

在蒙哥成为大汗之前，历史上很难找到忽必烈的名字，而随着他的哥哥蒙哥的继位，忽必烈这个名字一夜之间就飘遍了草原。

1251年，蒙哥命忽必烈总理“漠南汉地军国庶事”，从这一刻起，忽必烈的命运就和华夏大地上的汉室江山紧密地联系了起来。

历史的抉择成就了另一位英雄

28岁的忽必烈在他的王府接见禅僧海云及其弟子刘秉忠，忽必烈问海云禅僧：“佛法中有安天下之法否？”

忽必烈通过这一问向世人传达了两层意思：其一，忽必烈对佛学有兴致，不过这只是最表面的意思；其二，这一问显示出了这位年纪尚轻的王子早已怀有“安治天下”的雄心。

从那时起，忽必烈就不断从中原招徕贤人显学之士来为自己讲解中国的历史和文化，了解前代帝王之治与朝代兴替，听“修身齐家治国平天下”的儒学之道。只是顺耳听听，不足以使他成为一代杰出的帝王，他听后身体力行，深入学习中国先王的贤明圣迹。他听取汉高祖平定天下的故事和史迹，更十分仰慕唐太宗盛世治国的才能，憧憬在自己的治下也有贞观时代万国来朝的盛景。为此，忽必烈经常提及自己也要像唐太宗一样有魏徵这样的卓越人才来为自己效劳。对于宋太祖的帝迹史料，忽必烈也是每言必听，并说：“太祖行事，多可取者，朕皆知之。”可见他对中国故帝了解的详尽程度。

机遇总是偏爱有准备的人。凡是有雄心抱负的人无不是从平时就注意积累，忽必烈更是如此。通过上述事例我们就可以看出他从年轻时就已经为自己树立起了远大的目标，为着这个目标他做着各方面的准备，以后荣登帝位也就变成顺理成章的事情了。

《中国大百科全书》对他的评价是，他青年时“便思大有为于天下”，思想比较开明，“热心学习汉文化”，“重用汉人儒生”，“问以儒学治道”，“采用汉法”，“更改蒙古旧制”，“办学校”，大“兴水利”，“对人民赋役剥削限定在一定数额内”，较之“以前的黑暗混乱是一大进步”。

忽必烈出生于1215年9月23日，是成吉思汗之子拖雷的第

四个儿子，一位智勇兼备的战将。忽必烈的童年时代，正是蒙古铁骑四处征伐、影响极盛的时期。战争环境熏陶了他仁厚英武、度量宽宏、志于伟业的性格。忽必烈从小就很有抱负。在祖父和父母的影响下，青年时期的忽必烈聪明睿智、“思大有为于天下”，就连他的祖父成吉思汗也曾在众臣面前夸奖他出言谨慎，“将有一日据吾宝座，使汝辈将来获见一种命运，灿烂犹如我再生之时”。

事实也正是如此，忽必烈继位后元朝达到了全盛时期。朱耀廷先生说过：“忽必烈的时候也统一了中国，忽必烈是统一中国的第一个少数民族皇帝。他在位三十五年，主要的历史功绩是建立了元朝和统一中国，统一的范围规模超过了汉唐盛世，对中华民族的历史发展影响深远。”

1251年夏天，蒙哥继承汗位，将大漠以南的汉族地区交由忽必烈管理。忽必烈上任后，充分运用多年来广学博采的治理之道，知人善用，奖罚分明，积极整顿吏治，恢复农业，成功地迈出了开创伟业的第一步。

如果说这个时候的忽必烈只是一方的管理者，显示出的是一种文韬气概，充其量是蒙哥的得力帮手，蒙哥对其只有欣赏。那么经过奇袭大理之后，他的才华更加显露无遗，这一次，蒙哥的想法可就复杂多了，他对忽必烈已经产生了防范之意。

忽必烈率领蒙古大军分三路围攻大理城，歼灭大理军的大部，城里军民纷纷溃逃。在姚枢的劝说下，忽必烈禁止屠城，安抚当地民众，稳定城内秩序。蒙古军继续前进，一路势如破竹，分兵攻占下关、姚安等战略要地，并很快控制了大理全境。在这次战斗中，忽必烈充分发挥了蒙古骑兵善于奔袭、吃苦耐劳的特点，隐蔽接敌，辅以分化、招抚等策略，出奇制胜，达到了战争的预期目的。攻占大理的全面胜利，进一步提高了忽必烈在蒙古政治舞台的地位，也为他日后统军南下，灭亡南宋做了战略战术上的准备。

忽必烈在中原威望日增，这使得蒙哥感到自己的汗位受到了威胁。宝祐五年（1257），蒙哥借口忽必烈刚打完仗，又患有脚病，让他留在家中休息，而以塔察儿为左翼军统帅，解除了忽必烈的兵权。忽必烈当时的情况岌岌可危，他虽身为藩王，但调动军马及粮饷的权力都在大汗手中，因而难以与蒙哥决一雌雄。无奈之下，忽必烈听从了姚枢的建议，把妻子、儿女送到汗廷做人质，表示自己并无异志。当年11月，忽必烈又亲自谒见蒙哥。蒙哥尴尬万分，终于消除了疑虑。忽必烈也撤销了设在邢州、陕西、河南的机构，调回了自己派出的官员。就这样，忽必烈以谦恭忍让保全了实力，避免了一场不测之祸。

《旧唐书》载：唐宣宗“历大和、会昌朝，愈事韬晦，群居游处，未尝有言。”这就是“韬光养晦”的出处。韬光养晦无疑是一种高明的生存策略。忽必烈采取此策略并不代表他放弃了控制中原的雄心。相反，只有在这种外衣的保护下，他才能更理性、更安全地实施自己的策略。后来，蒙哥因塔察儿军事失利，又命忽必烈重率左路军征宋。在征宋过程中，忽必烈又重新把左路军的大权控制在自己的手中。

历史总是充满了巧合，开庆元年（1259）七月，蒙哥在攻宋战争中身负重伤，死于合州钓鱼山下。忙于南征的忽必

烈为争夺王位，决定返回漠北，碰巧南宋贾似道派使讲和，忽必烈当即同意，断然把大军留在江北，自己率一支亲军先行。中统元年（1260）三月，忽必烈到达开平，召集忽邻勒塔，在诸王塔察儿、也先哥、合丹、末哥等以及大臣的再三劝进下，忽必烈自称奉遗诏，在一些王的拥戴下继承汗位。而另一方面，蒙哥的另一个弟弟阿里不哥在和林举行大会宣布继承汗位。事情发展到这个地步，只有靠武力解决问题了。经过四年大战，阿里不哥战败，于至元元年（1264）归降忽必烈。至此，这场汗位争夺战，以忽必烈的胜利而告终。

元世祖改制

恩格斯曾经在他的著作《反杜林论》中写道："比较野蛮的征服者，在绝大多数情况下，都不得不适应征服后存在的比较高的'经济情况'；他们为被征服者所同化，而且大部分甚至不得不采用被征服者的语言。"

这段话精彩地描述了不同社会制度、生产方式遭遇到一起时的状况。

1279年，忽必烈实现了中国的南北大一统。

然而，已南北大一统的元朝空有辽阔的疆域，放眼望去却是满目疮痍。长期的战乱极大地破坏了经济的发展，人民伤亡严重，数量、质量都严重下降。由于蒙古族的游牧民族本性，他们只知掠夺，却不事生产，生产力极其低下。随着蒙古汗国在军事上的扩张，蒙古贵族把游牧地区的旧俗未做任何修改，就这样原封不动地带到中原地区，对中原先进的农耕经济造成了不可估计的破坏。而且，在征战中，蒙军每到一处，就会实行残酷的屠杀政策，尸骨遍野，满目荒凉，不仅造成被征服地区的经济遭受巨大损失，也使当地的文化、人才遭到了巨大的流失，给中原地区带来了巨大的灾难。

忽必烈已经打下如此辽阔的江山，下一步需要做的就是要进行修复、建设了。元朝境内百废待兴，这注定是一项浩大而艰巨的工程。

蒙古现有的统治机构落后、效率低下，要采用旧法进行建设，无疑是新车配旧轮，是跑不起来的。而且蒙古族原有的游牧生产方式与中原上的经济发展显然格格不入。

忽必烈认识到中原文明的先进，要想使元朝像轻轨列车般飞奔，改革是势在必行的。在汉族地主官僚的鼓动下，他决心吸取中原地区的先进社会制度和生产方式，遂在政治、经济等方面实行了大刀阔斧的改革。

蒙古原有的政治统治机构落后不堪，与疆域的辽阔形成巨大反差，忽必烈决定按照中原王朝体制的框架来构建新的政权结构。在政治方面，他在中央设置中书省、枢密院、御史台三大系统，又设置了宣政院。其中，中书省行使宰相职权，下设吏、户、礼、兵、刑、工六部，是最高的行政机关；枢密院则总领全国军事；御史台负责纠察百官；宣政院管理全国宗教事务和西藏地区。在地方，设行中书省，隶属中书省，加强对地方的统辖；山东、山西、河北及内蒙古部分地区，则由中书省直辖，称为“腹立”，即内地的意思。

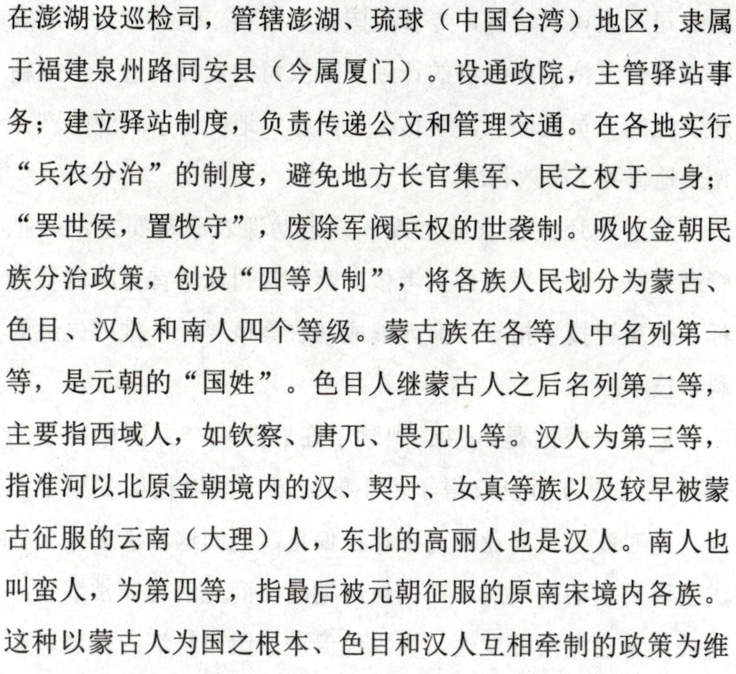

在澎湖设巡检司，管辖澎湖、琉球（中国台湾）地区，隶属于福建泉州路同安县（今属厦门）。设通政院，主管驿站事务；建立驿站制度，负责传递公文和管理交通。在各地实行“兵农分治”的制度，避免地方长官集军、民之权于一身；“罢世侯，置牧守”，废除军阀兵权的世袭制。吸收金朝民族分治政策，创设“四等人制”，将各族人民划分为蒙古、色目、汉人和南人四个等级。蒙古族在各等人中名列第一等，是元朝的“国姓”。色目人继蒙古人之后名列第二等，主要指西域人，如钦察、唐兀、畏兀儿等。汉人为第三等，指淮河以北原金朝境内的汉、契丹、女真等族以及较早被蒙古征服的云南（大理）人，东北的高丽人也是汉人。南人也叫蛮人，为第四等，指最后被元朝征服的原南宋境内各族。这种以蒙古人为国之根本、色目和汉人互相牵制的政策为维持大一统发挥了作用，对民族融合也有一定的作用。

忽必烈推行的这一系列政治改革，加强了中央集权，巩固了封建国家的统治；加强了对边远地区的开发管理，实现了更大范围的大一统局面；在一定程度上促进了民族间的交流，促进了多民族国家的发展。

在经济方面，他一改蒙古原有的游牧方式，制定“农桑立国”的国策方针。北方耕地因连绵半个世纪的战争而遭受了严重破坏，处于凋敝状态。忽必烈制定一系列政策，促进土地的恢复。他严禁蒙古贵族强占民田，或是废耕田为牧场。把黄河南北的荒田分给蒙古军耕种，组织军民在边疆屯田。他这一保护农田、实行屯田的政策极大地保护了中原农耕经济。接着，他又建立了指导农业生产的行政机构，包括劝农司、大司农司等，专管全国农桑水利。他任命八位劝农官员开展支持农业经济的计划。劝农司的官员挑选了一批精通农业的人员帮助农民耕作土地，极大地促进了农业生产并使土地得到了有效利用。

忽必烈还完善农业法规，规定劝课农桑赏罚之法，把管理农事、农桑兴废作为考核、察举赏罚地方官吏的重要指标。他重视技术指导，命人编成《农桑概要》，推广先进的科学技术。

值得一提的是，忽必烈除了在农业生产方面做足了功夫，在商业方面也取得了不小的成就。同以往很多皇帝不同，他对商人、商业行为不存在偏见，他的这种态度大大促进了贸易活动的发展，在他执政期间，商业活动非常繁荣，对外贸易也很兴旺发达，极大地促进了国内经济的发展，积累了货币，也大大促进了对外交流。忽必烈的经济措施在改革初期使得北方经济全面恢复，原本落后的生产力得到了较大的提高。

对于一个如此庞大的帝国来说，要想保证行政的顺利进行和物资供应的流畅，交通必须要强大。忽必烈深知交通对于自己统治的重要性。他命人修复帝国道路，并在可能栽种的道路两旁都种上树遮阳，每隔一定的距离建立驿站，除了接待旅行的官员和外宾，驿站也用作商旅客栈。二十多万匹马分发给各驿站，用于帝国邮政。为保证大都的粮食供应，他修复和开通了大运河，使大米经运河从中国中部运往都城。在他执政期间，中国已经具有了比较完备的邮政系统。忽必烈做出的贡献自然不言而喻。

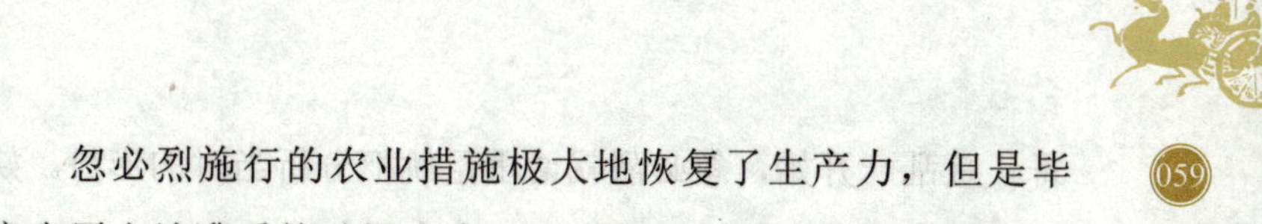

忽必烈施行的农业措施极大地恢复了生产力，但是毕竟中原土地遭受的破坏太大，一时间还无法完全恢复原状。为了备荒，他恢复了国家控粮的政策。他命人建设粮仓，在丰年，国家收购余粮，贮藏于国仓，以应付荒年粮食短缺。忽必烈在都城到最后一共建有五十八个粮仓，可以储存十四万五千石粮食。他要求建立“慈善粮仓”（义仓），在灾荒年粮食歉收、谷价上涨时开仓免费分发谷物，救济饥民，为鳏寡孤独者提供粮食。

忽必烈的种种政策治愈了一个世纪之久的战争创伤，显示了他的经世之才。他明白，欲统治中国，不能只靠蒙古本族的力量，还必须任用更有治国之道的汉人幕僚和官员，但又不能完全依靠汉人幕僚施政。宋朝灭亡后，他不仅保留了宋朝的机构和全部行政官员，还尽一切努力得到了当时任职官员们的效忠。忽必烈在多年的不断尝试中，在中原的农耕、定居文明和蒙古原有文化特色文明中找到了一个支点，维持了两种不同文明间微妙的平衡。

通过忽必烈的努力，元朝成了一个不仅疆域辽阔，而且能够兼容各种民族力量，经济文化都得到较大发展、交流的大国，为以后的发展奠定了基础。

消除帝国的祸患

1262年2月，李璮在自己的封地山东益都，正式发动叛乱。忽必烈此时正在蒙古南部的草原指挥军队攻打阿里不哥。叛乱一开始，忽必烈就请重臣姚枢分析当时的形势。姚枢对忽必烈说：“假如李璮趁我军现在与阿里不哥交战的机会，率部沿海岸直捣中都，封锁居庸关，将我军阻拦在关外，使我军前后受敌，补给中断，以致人心惶惶，这是他的上策；而如果他先联合南宋，坚守山东，再出兵不断骚扰我方边境，使我军疲于奔命，这是中策；要是他出兵济南，等待山东各地汉族世侯响应支援，那必然无人追随，最后只能作茧自缚，这是下策。”忽必烈听后忧郁地问：“那李璮会选择哪一种方法呢？”姚枢回答：“下策。”

为什么姚枢可以肯定地回答李璮会用“下策”呢？原来姚枢所说的上、中、下三策，是从忽必烈利益得失的角度说的。要是从李璮的角度进行分析的话，就很容易理解李璮为什么要“作茧自缚”了。出上策确实会给忽必烈以致命的打击，但同时李璮也会远离自己的根据地，陷入四面楚歌的境地，最终的结果很有可能是忽必烈先被阿里不哥击败；而不久以后，李璮或者被阿里不哥消灭，或者被其他世侯从后面包抄。总之无论是哪一种结果李璮都只在为他人做嫁衣而已。中策对李璮来说是最保险的，就算失败了他也可以退到南宋境内，可惜他的性子太急，还没有等到南宋的答复就起兵了，这一条也就根本不可能实行了。尽管后来南宋派出了由夏贵率领的军队北上，但双方没有达成默契，效果也就不大。很快南宋的军队被击溃，只留下李璮独自去面对元军。这样看来，出兵山东就成为李璮的必然选择。所以说李璮只能算是个枭雄，而不是一位出色的军事家。

李璮叛乱后很快就占领了济南。他在济南坐等北方汉族

武装出兵支援，但很快他就失望了。没多久，北方汉族武装就来了，但却是奉忽必烈的命令来平定叛乱的。同年5月，史天泽等率蒙军将济南团团围住，李璮成了瓮中之鳖。很快城中弹尽粮绝，最后士兵竟靠吃死人肉维持。济南叛军纷纷从城墙上爬下逃命。7月城破，李璮想投大明湖自尽，水浅没死成，被俘后，被史天泽斩杀。

李璮是红袄军首领李全的养子，金朝末年，趁蒙古人入侵金国时造反，在山东成为一股割据势力。其养父李全只是金朝末年在中原地区趁乱起兵的众多豪强地主中的一员而已，他的处世之道十分功利，反复无常是他的“招牌特征”。这点从李全的履历上可以看出，他先是在山东反金，等蒙古大军压境的时候又投靠了蒙古人。

蒙古人入侵中原后，为了统治的需要，把投靠他们且拥有重兵的豪强地主们封为世侯，所以李全的职位是可以世袭的。但李全没有亲生儿子，养子李璮便承袭父职成为军阀之一。1260年，忽必烈即位后，加封他为江淮大都督，使他的身份更为显赫。李璮虽然和李全没有血缘关系，可他却和李全一样野心勃勃。当年，忽必烈北征阿里不哥时，拨给了李璮大批的军用物资，要求他出兵助战。然而李璮却借口防御南宋，拒不出兵。在李璮的心里有一个愚蠢的念头，他认为忽必烈无力两线作战，因此他用了相当长的时间准备叛乱，跟忽必烈身边很多位高权重的汉族幕僚都取得了联系。当时他的岳父王文统，任中书平章政事，事后证明王文统是知道李璮要发动叛变的。但这些汉族幕僚的态度十分暧昧，既没有明说要参加，也没有出面阻止李璮的实际举动。这使李璮错误地认为只要自己一起兵，就会一呼百应。为了使自己起兵后取得更多人的支持，他还派人与南宋取得了联系，承诺献出自己在苏北沿海的三座城池，以表诚意。不过还没有等到南宋政府的答复，李璮就起兵了。李璮之乱后，忽必烈发现了李璮与王文统的往来信件，于是处死了王文统。

李璮之乱的影响之一，就是促使忽必烈削去各地军阀势力的兵权。虽然忽必烈是依靠军阀势力的支持取得的汗位，也是依靠他们的兵力迅速镇压了李璮的叛乱，但李璮叛乱也暴露出汉人军阀势力的发展对蒙古统治的严重威胁。

李璮叛乱失败后，一些儒臣上书，说乱事之起，是由于诸侯权力太重。姚枢甚至奏请“罢世侯，置牧守”，就是要解除军阀世袭的兵权，在地方上实行军民分治。史天泽也上书请求解除自己的兵权，他说：“兵民之权，不可并于一门，行之，请自臣家始。”于是，史氏子侄即日解除兵权的有十七人。其余军阀也被陆续解除兵权。然后，忽必烈又在地方实行军民分治，分益都军民为二，命董文炳领军，撒吉思领民。以后这一制度就在各地推广，诸路管民官理民事，管军官掌兵戎，从而把各地的兵权进一步集中到朝廷。

李璮之乱更为深远的影响是忽必烈开始任用色目人而疏远汉人。对此，范文澜先生曾言：“忽必烈杀王文统（李璮的岳父，时任平章政事），从此对汉人幕僚增加了疑虑，逐渐疏远。”

早在窝阔台任用耶律楚材和奥都剌合蛮以来，蒙古统治集团中就存在着关于倚用汉人（包括汉化的契丹、女真人等），还是倚用色目人的争论。中统初，忽必烈大力倚用汉

人为文臣武将建立起自己的统治，而色目人居于次要地位。

李璮叛乱之后，色目人趁机向忽必烈进谗言说："回回虽时盗国钱物，未若秀才（指汉人官员）敢为反逆。"忽必烈通过比较发现，色目官员大多擅长经商理财，可以帮助元朝统治者搜刮财富，又不至于像汉人军阀那样形成武装叛乱集团。李璮叛乱后，忽必烈在不得不继续任用汉人的同时，开始重用色目人，以便二者互相牵制。例如，费纳客忒人阿合马，原是随侍忽必烈皇后察必的父亲弘吉剌氏按陈那颜，因而可以出入帝后宫帐，受到信任和重用。1262年，忽必烈命阿合马领中书左右部，兼诸路都转运使。1264年，左右部并入中书省，忽必烈又任阿合马为中书平章政事，列于相位。一批色目人也由此被任用来管理财赋。

就这样，忽必烈兼用汉人、色目人，也引发了元朝统治集团中蒙汉色目诸族之间的重重矛盾，以致后来出现了长期纷争。

傲视天下，纵览元朝雄图

著名历史小说家二月河先生著的《乾隆皇帝》一书中有这么一段描写：

"灭大宋的不是蒙古人，是文恬武嬉的文武百官。"乾隆知道母亲已经被说动，继续循着自己的思路款款陈说道，"蒙古大军将宋代最后一个皇帝赶到琼崖大海，宋代最后一个皇帝还在孩提之间，宰相陆秀夫在船上还在给他讲《中庸》。船被围了，把自己妻儿老小的船先沉了，抱着小皇帝投海自尽……额娘，你知道指挥这一战的蒙古主将是谁？”

太后摇了摇头，她的眼中已经迸出泪花。

“叫张弘范。”乾隆想到宋朝末代皇帝途穷惨状，也觉心中凄惶，哽着嗓子道：“他是大宋的一员战将，投了元，又来打自己主子。灭了宋，还磨崖铸字，写了几个字说‘张弘范灭宋于此’！后人鄙薄他，在前头仿他笔迹又添了个字，‘宋张弘范灭宋于此’——这不是文人刻薄，是真真的史实……”

这里乾隆所说的那段史实，正是南宋灭亡的最后一段岁月。

对于南宋的灭亡，历来众说纷纭，有人抱怨南宋太懦弱，有人感叹元朝军队过于强大。其实，历史本来是客观的，它会沿着既定的轨道不断向前发展，但是当人们将历史转化为文字时，就从来没有绝对的客观了，因为书写历史的人是有目的、有感情、有偏好的。

虽然南宋灭亡的原因是复杂的，但终究还是人的问题。南宋是一个不乏忠臣，也不乏奸臣的朝代，它所缺乏的是能力挽狂澜的军事家和统帅。这不是说南宋不存在这样的人，而是虽存在这样的人，却很难被重用。有的人才在国家危急时被重用，但危机一过，马上就被排挤出去。当这样杰出的人才被重用的时候，国家就会凝聚成一个强有力的战斗堡垒，还敌人以颜色。所以，蒙古军队也会遭遇南宋的顽强抵抗。

就像王曾瑜先生说的那样：“悍勇的蒙古军在几十年间，横扫欧亚大陆，灭国数十。蒙古的军事征服不可避免地带有残酷性，然而其所遭逢的唯一劲敌，却是偏安一隅、不思振作的南宋皇朝。在长达四十余年间拉锯战中，南宋凭借其城防与水军，还有一些有才能的指挥官，居然得以苦苦支撑，而使蒙古军屡遭重创。蒙古的第四代皇帝蒙哥汗竟死于顽强抗击的合州城下。第五代皇帝元世祖忽必烈和一些大臣最初甚至打算放弃灭宋。

“但是，现实毕竟摆在面前，宋朝固有的传统决定了朝廷对武将的偏见。如同担心岳飞专权一样，宋朝的皇帝再次选择了宁可相信贾似道那样的小人，也不让武将放手一搏。这样，即便有力挽狂澜的才能，又能如何？”

1279年2月，元军迅速包围了崖山，都元帅张弘范会同副帅李恒，从水路和陆路同时进攻崖山。这是南宋王朝最后一幕凄惨悲壮的历史画面。

南宋将军张世杰率军进行决战，集结一千多艘舰船，四周加固战栅，构成海上坚城。元军的数次进攻，均以失败告终。但张世杰的这种做法也抹杀了战船的机动性，只能防御，不能有效进攻。元军采取种种手段诱降张世杰，结果徒劳无功，紧接着他们采用断绝补给，长期围攻的方法，占领了崖山外围，截断了南宋的粮、水补给线。在这种情况下，南宋官兵仍然顽强抵抗。到了2月6日那一天，天色晦暗，风雨交加，元军把握住了战机，趁早、午海潮涨退的机会，大举围攻崖山。3月19日，张世杰决定突围，在经过苦战后，南宋船队最终崩溃。张世杰于混战中率少数战船趁海上大雾突围。但是少帝和丞相陆秀夫被困崖山。无奈之下，陆秀夫杀死妻儿，背着少帝投海殉国。战斗历时二十多天，海上浮尸数十万之多，七日不尽。南宋的历史终于一去不复返。

智慧博弈的结果是：忽必烈赢了！一位学者也曾说过，忽必烈的智慧根源于他对时局的把握：不管他的军队如何强大，武器怎样精良，单凭武力是无法征服整个中国的。忽必烈缺乏其祖父那样的军事才能，但他却比其家族中的任何人都要智胜一筹。忽必烈具有一种敏锐的战略家天赋，这不仅要有好的构想，而且要保证能正确地执行；他运用这些才能来经营管理自己的领地，更重要的是，用它们来实现向南方的扩张。最后的事实证明，以惯用的政治手腕，忽必烈取得了他祖父通过暴力无法取得的成就——征服并统一了全中国，这个当时地球上人口最多的国家。

伴随着南宋帝国的灭亡，尘埃终于落定。站在帝国的最顶端极目远望，忽必烈真切地感受到了帝国空前庞大的规模，一个面积约三千万平方公里的版图，终于扩张完成。如此一个空前绝后的帝国，在当时以马匹为主要交通工具的时代，仅凭忽必烈一人无法进行有效的统治。鉴于此，这个帝国采取地方分权制度，把疆域划分为六个子国，从属于国家最高元首——大汗的统治之下。

面对如此的雄图伟业，成吉思汗的子孙们满足了吗？不，伟大的梦想远远不是这已有的巨大版图能够禁锢的，正如柏杨先生所说：“侵略扩张是没有终点的，永远不会自动停止。”蒙古帝国并不因已占有广大领土而满足，灭掉宋帝国后，大汗忽必烈又列出一张狩猎名单，名单上是一些还没有完全降服的邻邦。

于是，还有更多的征战在等待着他们……

"军旅之神"的赫赫战功

1275年，即至元十二年，忽必烈下定决心灭宋，他命伯颜率领元军直逼临安。伯颜受命后，召集攻宋将帅部署方略，确定了"分诸军为三道，会于临安"的作战部署。这年11月，伯颜分兵三路进攻临安：西路由参政阿剌罕、四万户总管奥鲁赤率蒙古骑兵出建康，向溧阳、建平（今安徽朗溪）、独松关进军；东路由参政董文炳、万户张弘范、都统范文虎率水师由镇江沿江入海，向海盐、澉普（今浙江海盐南）进军；中路由伯颜驭之，率水陆两军出镇江，向常州、无锡、平江（今江苏苏州）进军。伯颜同时节制诸军。

伯颜做出如此部署是基于以下考虑：自建康经溧水、溧阳等地至临安，多为丘陵地带，河湖很少，是骑兵的用武之地，可快速进抵临安，威慑宋廷；宋军在东线沿海水域有一定优势，钱塘江口是临安的门户，东陆元军卡住这个入海门户，既可堵截宋廷的海上逃路，又可遏制南援的宋军；常州、无锡一线则是宋军的重点防守地带，且河湖交错成网，岸上城堡密布，易于水陆联防，元军如果忽视此线，宋军便有可能从此处溃逃或反击，所以伯颜亲率中路军由镇江循此线南下。

三路大军按原定计划南下，在常州与南宋军队展开了激战，宋军多数献身沙场。11月16日，伯颜督军常州，筑台发炮猛轰，连攻两昼夜，终于破城。常州失守，无锡、平江守军不战而降。后来因为谢太后的消极政策，伯颜兵不血刃就进入了临安城。

这里提到的伯颜是元初的开国名将（一定要区别于后期擅权的奸臣伯颜），出身于蒙古的名门大家，少时长于伊尔汗国，跟随父亲南征北战，积累了丰富的战斗经验。至元元年（1264），伯颜奉旭烈兀之命入朝奏事，忽必烈见其容貌伟岸，听其言辞严厉，便下令：“非诸侯王臣，其留事朕。”就这样，伯颜留在了忽必烈身边，成了忽必烈的一名得力干将。

宋濂在《元史·伯颜传》中曾评论说：“伯颜深略善断，将二十万众伐宋，若将一人，诸帅仰之若神明。毕事还朝，归装唯衣被而已，未尝言功也。”

“军旅之神”伯颜，除了具有卓越的军事指挥才能，还有一套值得称道的治军方法。有效的治军方法，卓越的指挥才能，二者结合，使伯颜成为一代军神。战斗中，特别是危急时刻，伯颜尤其注意身先士卒，用自己的勇敢行为去影响士卒。据史书记载，在阳罗堡大战时，他披坚执锐，亲冒矢石，临于行阵，指挥诸将帅杀得宋军死者无数。在攻打常州时，宋军防守坚固，元军久攻不下。伯颜来到常州，即令帐前军先登，率先把军旗插上城头。目睹此景的诸军将士欢欣鼓舞，异口同声地高呼：“丞相登上去了！”因为伯颜的身先士卒，将士们深受鼓舞，随之，全军奋勇登城，宋军溃逃而去。

伯颜除了能征善战，还是一个心胸宽广的人，他一改过去元军对占领地的屠城做法，对战地人民实行优抚政策。这也从一定程度上，为元朝政府赢得民心做出了贡献。

1274年，由于史天泽年迈，忽必烈提拔伯颜做了中书左丞相，率领元军继续伐宋。伯颜上任前，忽必烈对他说："当年宋太祖的大将曹彬奉命进攻南唐，曹彬从不滥杀无辜，一举平定江南。你也要效法他，别让我的人民横遭锋刃。"后来在整个伐宋的过程中，伯颜确实做到了"不滥杀无辜"这一点，采用了怀柔的策略。

元军攻宋期间，正逢江南疫病流行，江南百姓更是因为战乱流离失所，一些地区甚至发生了饥荒。伯颜看到这种情况后，下令开仓赈饥，发药治病。江南百姓因此大为感激，称伯颜的军队为"王者之师"。丁家洲战役后，在元军的武力与怀柔政策下，南宋军民多不战而降。元军攻入临安后，伯颜下令不要抢掠，并封存府库，登记钱谷，并明言不得擅自进城，有抢掠者，军法处置。

伯颜回京后，权臣阿合马认定伯颜从临安得到很多宝贝，打算从伯颜那儿捞点好处，但未能如愿，于是就怀恨在心，几天后在忽必烈面前造谣说伯颜私藏了宋室至宝玉桃盏。忽必烈听后，非常震惊，立即派人追查此事，但终因证据不足，且适逢用人之际，事情也就不了了之。直到阿合马死后，这件事情才终于真相大白，原来一个宫人找到了玉桃盏，并呈献给忽必烈。忽必烈看着那个玉桃盏感慨自己差一点儿让忠良受了冤屈。

伯颜曾在自己的诗中写道："担头不带江南物，只插梅花三两枝。"的确，在整个南征过程中，伯颜未乱杀一人，进临安后也未取一物，这种行为在古今将帅中是少有的，伯颜不愧为一代名将、军旅之神！

留取丹心照汗青

辛苦遭逢起一经，干戈寥落四周星。

山河破碎风飘絮，身世浮沉雨打萍。

惶恐滩头说惶恐，零丁洋里叹零丁。

人生自古谁无死？留取丹心照汗青。

——文天祥《过零丁洋》

1279年正月，元军出珠江口，进攻南宋最后的据点崖山，文天祥被押解同行。船过零丁洋（今广东中山南的珠江口），元军都元帅张弘范逼迫文天祥招降坚守崖山的宋军统帅张世杰，文天祥写下此诗以死言志，严正拒绝。

虽然当时是元朝唱主角，但是有一个宋人却不容忽视，那就是南宋名臣文天祥。他虽然没能力挽狂澜于既倒，其行为却足以留名于青史之上。懦弱的南宋结束了，却因为文天祥的慷慨殉国而有了一个悲壮的尾声。这个尾声，至少让那些耳目中充斥着宋室君臣北觐耻辱的人们对这个堂堂大朝不至于到完全蔑视的地步。

正如王曾瑜先生所说：“在这个国运难以逆转的危急时刻，却仍有一大批志士仁人，他们不惜‘慷慨轻身’，以‘百炼丹心涅不缁’，‘英雄未肯死前休’的气概，百折不挠，为挽救祖国和民族的危亡，做殊死的苦斗。在史册上有名者，如张世杰、陆秀夫、张珏、李芾、姜才、李庭芝、陈

文龙、王安节、尹穀、马塈等很多人，而最著名者，当然是状元宰相文天祥。”

南宋灭亡之后，战场上的较量，文天祥失败了，但他与元军的斗争又在囚狱中展开。

当时，许多投降的南宋的臣僚们，奉命到上都城西的元王朝太庙中礼拜，后来得到忽必烈的接见。忽必烈对南宋的降将一向看不起。他曾问他们：“你们为什么投降的如此容易？”诸将回答：“宋有权臣贾似道擅断政柄，总是优容礼待文士，而就是轻视武官。臣等早已有不平之心，心离体解，所以都望风而款降啊！”忽必烈又说了一些话，大致意思是：“即使贾似道真的轻视你们，那也只是贾似道一个人的过错。而你们的君主又有什么对不起你们的呢？”后来，他又好奇地问以宋宰相身份担任“祈请史”的吴坚：“你年纪已经很大了，为什么还要当丞相治理朝政？”吴坚回答说：“因为朝中人都逃走了，所以我才当丞相。”紧接着，吴坚连忙要求忽必烈准许自己告老还乡。

与这些臣子们不同的是，文天祥在屈辱中自尊自重，以四年的囚禁苦难谱写了一首荡气回肠的“正气歌”。

忽必烈首先派降元的原南宋左丞相留梦炎对文天祥进行劝降，结果被文天祥一顿训斥，留梦炎只好悻悻而去。然后忽必烈又让降元的宋恭帝赵显来劝降，文天祥一见宋恭帝的面就跪于地，痛哭流涕，对赵显说：“圣驾请回！”结果赵显不能开口，只得怏怏而去。后来，元朝丞相孛罗亲自开堂审问文天祥。文天祥被押到枢密院大堂，昂然而立，只是对孛罗行了一个拱手礼。孛罗喝令左右强制文天祥下跪。文天祥竭力挣扎，坐在地上，始终不肯屈服。孛罗问文天祥："你现在还有什么话可说？"文天祥回答："天下事有兴有衰。国亡受戮，历代皆有。我为宋尽忠，只愿早死！"孛罗大发雷霆，说："你要死？我偏不让你死。我要关押你！"文天祥毫不畏惧，说："我愿为正义而死，关押我也不怕!"

从此，文天祥在监狱中度过了三年。其间，不停地有人来劝说文天祥投效元朝，但文天祥不改初衷。在狱中，他还收到女儿柳娘的来信，得知妻子和两个女儿都在宫中为奴，过着囚徒般的生活。文天祥尽管心如刀割，却不愿因妻子和女儿而丧失气节。他在写给自己妹妹的信中说："收柳女信，痛割肠胃。人谁无妻儿骨肉之情？但今日事到这里，于义当死，乃是命也。奈何？奈何！……可令柳女、环女做好人，爹爹管不得。泪下哽咽哽咽。"

狱中的生活很苦，可是文天祥强忍痛苦，写出了不少诗篇。《指南后录》第三卷、《正气歌》等气壮山河的不朽名作都是文天祥在狱中写出的。

至元十九年（1282）八月，忽必烈问议事大臣："南方、北方宰相，谁是贤能？"群臣回答："北人无如耶律楚材，南人无如文天祥。"于是，他下了一道命令，打算授予文天祥高官显位，但遭到文天祥的拒绝。忽必烈仍然没有放弃对文天祥的劝降，又于十二月八日，召见文天祥，亲自劝降。文天祥对忽必烈仍然是长揖不跪。忽必烈也没有强迫他下跪，只是说："你在这里的日子久了，如能改心易虑，用效忠宋朝的忠心对朕，那朕可以在中书省给你一个位置。"文天祥回答说："我是大宋的宰相。国家灭亡了，我只求速

死。不当久生。”忽必烈又问：“那你愿意怎么样？”文天祥回答：“但愿一死足矣！”如此一来，忽必烈气恼了，于是下令立即处死文天祥。

次日，文天祥被押解到刑场。监斩官问：“丞相还有什么话要说？回奏还能免死。”文天祥喝道：“死就死，还有什么可说的？”他问监斩官：“哪边是南方？”有人给他指了方向，文天祥向南方跪拜，说：“我的事情完结了，心中无愧了！”然后从容就义。死后几天，妻子给他收尸，发现其衣带中有赞曰：“孔曰成仁，孟曰取义，唯其义尽，所以仁至。读圣贤书，所学何事，而今而后，庶几无愧！宋丞相文天祥绝笔。”

王曾瑜先生说：“文天祥简直就没有设想过自己尚可有另外的苟活之道，而是满怀着‘时穷节乃见’，‘壮心欲填海，苦胆为忧天’的坚韧志向，承受着身与心的双重折磨，义无反顾地走向生命的尽头。唯其如此，中华的汗青上也方有一个民族英雄文天祥。”

文天祥曾对元世祖的宠臣阿合马说：“南朝早用我为相，北可不至南，南可不至北。”的确，如果南宋早以文天祥取代贾似道，历史自然会改写。然而，历史似乎总不会尽如人意。

后人评价文天祥说，“名相烈士，合为一传，三千年间，人不两见”，“事业虽无所成，大节亦已无愧”。其实，所有后来人对他的评价都是苍白无力的，他自己的评价“人生自古谁无死，留取丹心照汗青”，足矣！

王重阳真的住过“活死人墓”吗

作为武侠人物王重阳无疑是一个智义双绝的英雄。他文武双全，武功更是天下第一，他还是一个抗金义士，修建活死人墓藏器甲粮草以图抗金大业。

历史上确有王重阳其人吗？答案是肯定的。

王重阳，道教重要派别全真教的创始人。生于1112年，陕西咸阳大魏村人。王重阳出身豪门，原名王中孚，重阳是入道以后的道号。他自幼饱读诗书，20岁便参加科举，但由于冒犯先生，文举失败。他又改试武举，结果以优异的成绩获得武举第一名，但是分配给他的职位却是一个收税的小吏，王重阳愤然辞官，到终南山刘蒋村隐栖。这个时期的王重阳空有一身才华却报国无门，终日沉醉，就有遁入空门的念头，这也为后来他创立全真教埋下了伏笔。《道教史》记载，1159年王重阳在甘河镇遇见吕洞宾，从此性情大变，与世隔绝，做了道士，道号重阳子，潜心修行数年，于1161年开始，在南时村挖了一个四米深的墓穴，这个墓就是“活死人墓”。王重阳在这里一坐就是两年。两年后的一天，他突然走出墓穴，意气风发，此时的王重阳，仿佛经历了由生到死，又由死到生的劫难，脱胎换骨，浑身散发着仙气，有诗为证：

活死人兮活死人，活中得死是良因。

墓中闲寂真虚静，割断凡间世上尘。

另外一个说法对王重阳为何穴居活死人墓的原因进行了这样的解释是：王重阳生逢乱世，当时国家衰亡，金人大举南侵，百姓流离失所，民不聊生。这时候的王重阳欲报国于沙场、救万民于水火。但是南宋腐败，统治者苟且偏安一隅，弃北方同胞于水火，于是王重阳组织义军抗金保家，但终因势单力薄以失败告终。抗金失败后，王重阳掘地穴居，住进活死人墓，以求在精神上给自己以解脱。七年后，他走出活死人墓开始自己的传教生涯。

王重阳穴居活死人墓的原因有二：一是闭关修行，了悟生死；二是抗金失败，躲避战乱。抗金失败缘何能在活死人墓穴居七年？覆巢之下安有完卵，抗金失败后，金人必定杀一儆百。既然王重阳带领义军抗击过金人，要想苟且偷安，谈何容易？如此第一种说法就比较可信些。不过据说王重阳在活死人墓前竖起一个碑文：王害疯（王自称疯子）灵位，这也许是其躲避战乱的一个方法。

两种说法其实有一个共同点那就是，王重阳后来走出活死人墓进行传教。我们能否从王重阳后期的活动和思想来判断王重阳穴居活死人墓的原因呢？

王重阳创立全真教的思想源泉是三教同源，三教就是儒、佛、道。他还规劝人们读诸如《般若心经》《孝经》，还有就是禁止杀生、偷盗，这些思想完全不是一个曾经抗金义士的思想，纵观王重阳后期的思想，我们无法找到其曾经作为抗金义士的任何线索。也许是在经历了活死人墓的修行后，王重阳的确大彻大悟了，之后便专心传教布道，成为道教的北五祖之一。

第四章

创一代之制，立不世之功

忽必烈统一全国后，就着手确立中央集权政治体制，恢复正常的统治秩序，采取有利于农业和手工业生产的措施，使得社会经济逐步恢复和发展，最终走向繁荣强盛。可以说，在征服土地之后，他也完成了对人们头脑的征服，也许他想获得的最伟大的名声不是“世界上第一位征服全中国的人”，而是“第一位治理中国的人”。

打江山难，守江山更难。早在漠北和林时，汉僧刘秉忠就提出了“以马上得到天下，不可以马上治天下”的大问题，并将历代封建统治的经验，灌输给忽必烈。自然，忽必烈也是一位很有作为的蒙古族政治家，他懂得只有抓住中原地区的政治经济，才能成为统治全中国的皇帝。于是他在即位后不久就采取一系列措施，推进社会政治、经济的发展。后世史书称其为“创一代之制，立不世之功”，对于中国封建社会后期的发展进程影响巨大，明朝的政治制度基本上承袭了元朝。比如说，元朝的专制皇权已经较前代少有约束，皇帝的尊严愈增，专制主义皇权也进一步膨胀，这对明初极端专制主义皇权制度的形成无疑是有影响的。

创世之举——行省制度的实行

1260年5月，忽必烈设立中书省一个月后，随即设置了十路宣抚司，“以总天下之政”。这十路分别是：燕京路、益都济南等路、河南路、北京等路、平阳太原路、真定路、东平路、大明彰德等路、西京路、陕西四川等路。每司分领一路或数路，由藩府旧臣出任宣抚使、副使，作为朝廷的特命使臣，监督和处理地方政务。宣抚司无处置军务的权力，宣抚使、副使又多数没有宰臣职衔，如果发生叛乱或社会治安等方面的特殊情况就不足以应付了，于是忽必烈把一些地区改置行中书省。1261年11月，忽必烈撤销了十路宣抚司。在第二年的12月，又重新设立了宣抚司，但将它作为中书省的派出机构。

对于元朝廷实施的行省制度，钱穆先生在《中国历代政治得失》中评论说：“说到行省制度的滥觞其实是元代中央集权高层统治之计，‘行省’其实是‘行动的中书省’，行省长官是中央政府（中书省）的代表，是由上而下的权力授予，完全没有中央政府与地方政府平起平坐的意思，没有地方自治的概念，没有权力分让的安排。“钱穆说到如此的概念有如帝国与殖民地，地方绝无权力介入政治决策，地方政府只是听命中央命令的执行机关。”

忽必烈在外路设立的第一个行中书省是陕西四川行省

（京兆行省）。陕西四川行省设立在阿里不哥叛乱时期。1260年，京兆宣抚使廉希宪到任时，为防止阿里不哥已派来的亲信大臣刘太平联络六盘山及四川蒙古军帅，占据京兆地区，果断地捕杀了刘太平等人，征调秦、巩等处诸军进入六盘，发仓库金银充军赏，同时遣使入奏，自劾越权的罪过。忽必烈并没有责怪廉希宪，因为这是他建立的制度存在缺陷而造成的。相反，在这件事后，他大加赞赏廉希宪善于行权应变。这一年的8月，忽必烈将京兆宣抚司改制为行省，既陕西四川行省，以廉希宪为中书右丞，行行省事。这以后，忽必烈又在其他地区先后设立了行省。出于种种原因，几经置废分合，最后稳定为十个行中书省，分统中书省直辖诸路以外的各大地区，形成了"都省握天下之机，十省分天下之治"的行政区格局。吐蕃地区直属中央机构宣政院统辖，所以不置行省机构，但也被视为一个行省。这样，元朝全境共划分十二个一级政区，即中书省直辖、十行省及吐蕃。在1286年以前，行省属于中书省的临时派出机构。直到1290年，忽必烈在晚年再次调整了行政建制。他将山东、山西、河北等地直接划归中书省管辖，称为"腹里"。腹里以外的地区则分置岭北、辽阳、河南、陕西、四川、甘肃、大理、浙江、江西、湖广十个行省。自该年始，行省各长官不再是中书省衔，这样，行省就成为最高地方行政机关。吐蕃和畏兀儿地区另立管辖机构，不在这一范围之内。

行省的权力看起来很大，实则不然，正如李治安先生所说："通过上述种种措施与政策，元朝廷实现了对行省的严格控驭和有效监督，使其诸权力基本保持在大而不专的范围或限度内。朝廷对行省就能始终处于以重驭轻、以内驭外的有利地位。”

虽然元朝统治者设置行省的初衷和直接目的，是为了“以武力维持专制统治与剥削”和“军事控制”。但是谁曾料想，这一制度对后世产生了那么大的影响，它引出了绵延至明清及近代的中央集权新模式。

广袤的疆土更需豁达的胸怀

赵复是江汉间名儒，精通程朱理学。开始时他过着隐居的生活，以江汉先生自称。被元军俘虏后，他不愿投降。于是在一个月色朦胧的夜晚，他偷偷潜出看守的营垒，跑到河边，准备自杀。姚枢发现时赵复已经脱掉衣服，正准备投河。

姚枢劝他说：“果天不生君，与众已同祸。爱其全之，则上承千百年之统，而下垂千百世之绪者，将不在是身耶？徒死无义。可保君而北，无他也。”

赵复在姚枢的劝说下来到燕京，受到忽必烈的接见。忽必烈对他说：“我欲取宋，卿可导之乎？”赵复回答说：“宋，吾父母国也。未有引他人以伐吾父母者。”忽必烈极为赞赏他的气节，没有强迫他做官，并且允许他在燕京建太极书院，在那儿讲学。“学子从者百余人”，至此，“北方始知程朱理学”。

忽必烈因长期受命治理漠南汉地，深知儒学对巩固统治

的重要性。所以，他注重搜罗和优待儒生，并跟从他们学习儒家学说，推行汉法。

推行汉法，对于忽必烈等来自蒙古的统治者来说确实是难度太大。就像李治安先生说的那样：“先西征的战略选择让定都北京后的蒙元政府几乎成为一个‘联合国’，忽必烈必须考虑各色人等的利益之争，而最后被征服的汉人（北方人）、南人（南方汉人）的地位又在蒙古人、色目人之下，让征服者接受被征服者的文化与文明本就很困难，再加上那时的中国只是大蒙元版图的一部分，位居高位的色目人还极力向忽必烈推荐并实施回回法统治中国，那时汉法的实施困难可想而知。”

一位笔名为汉行天下的作者写的一篇文章，其中对许衡劝说忽必烈推行汉法的一些描写可谓精彩至极。

“当时，许衡高举孔子、朱子（朱熹）的儒家与理学大旗，对忽必烈说：‘你虽贵为蒙古大汗，但来到中国就必须当皇帝——必行汉法，不然的话，你这大汗怎么来的，还得怎么走，再回到你那大草原上。’

“面对许衡的这一命题，忽必烈是痛苦的——他实施汉法，整个蒙元帝国就可能崩溃，自己也会失掉大汗的名分；他不实施汉法，就可能失掉中国，当不成中国的皇帝。

“当然痛苦也是相互的，相比较之下，许衡的痛苦一点儿也不比忽必烈小，甚至更加强烈——不实施汉法，中国将不再是他心中的中国；实施汉法，来自各方面的阻力又是那么强大和愚顽。

“痛苦的忽必烈与痛苦的许衡都在寻找着一个平衡点：

忽必烈不想失去许衡这样如魏徵般的治国栋梁，许衡不想失去力荐忽必烈实施汉法的机会——忽必烈五诏许衡就任高官，许衡五次应诏赴任却随即出于各种原因并以各种理由辞官回他的老家焦作教书种田。

“也就是在这‘五诏五辞’下，忽必烈和他的继承者们一步步走上实施汉法的道路。也因此，忽必烈被称为蒙元两位大政治家之一（另一位是成吉思汗），许衡成为中国13世纪，也就是元朝那个时代无人可以比肩的、最伟大的思想家、教育家，在元代，他就被皇帝下诏从祀孔庙，这可是儒家知识分子的最高荣誉！

“在中国历史上，能在孔庙‘分一杯羹’的人，鲜矣！

“的确，许衡是敢教忽必烈行汉法的第一人，反过来说，忽必烈也是敢行汉法的第一个蒙古皇帝。”

宋濂曾评价忽必烈说：“世祖度量宏广，知人善任使，信用儒术，用能以夏变夷，立经陈纪，所以为一代之制者，规模宏远矣。”

从此处，我们也可以得知忽必烈之所以能成为历史上一位很有作为的皇帝，与他豁达的胸襟息息相关。这份豁达主要体现在对儒生的重用上。元初名臣刘秉忠就是一个典型。

早年出家为圣僧，
博学多才得推崇。
社稷大计勤谋划，
入藩建元立头功。

这是后人对刘秉忠的评价，也真实地反映了他一生的功绩。刘秉忠（1216—1274年），字仲晦，河北邢台人。他自幼博览群书，13岁时因父亲刘润为蒙古都元帅府都统，刘秉忠作为质子入住元帅府。在此，他立志为学，诗文书画与日俱进，17岁，出任邢州节度府令史。豪爽不羁且有救国救民大志的刘秉忠，不满足自己刀笔小吏的生活，一日，他投笔叹曰："吾家累世衣冠，乃汩没为刀笔吏乎！丈夫不遇于世，当隐居以求志耳。"遂弃官入道，隐居武安山中，后又弃道从佛，遁入空门。这期间，刘秉忠博览群书，阅读了文史、地理、数学等方面的大量书籍，极大地提高了他的认识水平，以至他对天下事了如指掌。

海云禅师以其"博学多才艺"，将其推荐给元世祖忽必烈，受到重用。他侍奉忽必烈三十多年，"参帷幄之密谋，定社稷之大计"，官至太保，参领中书省事（即丞相）。

蒙古贵族在统一中国过程中，大肆烧杀掳掠，变农田为牧场，使社会经济遭受严重摧残破坏。刘秉忠向忽必烈介绍了一整套封建帝王治国平天下的经验和理论，并采取一系列措施，奖励农桑，兴修水利，设立学校，统一建立官制，对于医治宋末元初的战争创伤，促进国家经济、文化的恢复和发展，做出了很大贡献。

宋濂曾在《元史》中对其大加赞赏："以天下为己任，事无巨细，凡有关于国家大体者，知无不言，言无不听，帝宠任愈隆。"

此外，他还注意选择人才，其中邢台人郭守敬、沙河人张文谦以及元代的大学者张勇、王恂等，都曾和刘秉忠一起在邢台县西部紫金山同过学，后都经他推荐入仕元朝，对当时的天文、数学以及水利事业的发展有着突出的贡献。

1274年，刘秉忠病故，享年58岁。次年，刘秉忠被追赠为太傅，封赵国公，元仁宗时，又被封为常山王。

刘秉忠精于天文、历法、术数。早在他留居云中南堂寺时，就在那里“讲习天文阴阳三式诸书”。他所举荐的张文谦、郭守敬等人在这些方面也极有成就。正因为他在这些方面有极高的造诣，忽必烈才把修建两座都城的任务交给他，事实也证明他完成得很好。著名史学家韩儒林先生在论述耶律楚材在蒙古国初期的历史地位与作用时指出：“耶律楚材在蒙古国初期只是被诏问一些天文历法等问题，不会在政治上有什么建树。”再联系刘秉忠的经历，我们不难发现：刘秉忠及其荐举的一批汉族知识分子，他们虽终以儒术得任用，但他们最初都是以术数得以被荐举仕进，阴阳术数是他们从事政治活动的重要手段。难怪在至元十一年（1274）刘秉忠逝世后，忽必烈痛心地说：“秉忠事朕三十余年，小心慎密，不避艰险，言无隐情，其阴阳术数之精，占事知来，若合符契，惟朕知之，他人莫得闻也。”

因为忽必烈胸怀博大，才能使很多有才能的人围绕在他身边，共同为这个帝国的繁荣出谋划策，造就了元初的盛世局面。

国以民为本，民以食为天

忽必烈深知“民以食为天”的古训，曾经以“户口增，田野辟”作为考核各级官吏的重要标准，这是符合当时社会发展需求的。由于长期的战乱，人口锐减。例如，13世纪初，金朝和南宋的人口总和有7300多万，而到了1275年，全国人口只剩下2400万左右了。

1271年，忽必烈颁布了《户口条画》，对全国人口进行了一次大清查，将诸王贵族、权豪世家非法占为“驱口”的百姓追查出来，甚至还采取奖励生育的措施，如中统二年（1261）九月，“河南民王四妻靳氏一产三男，命有司量给赡养”。

由于忽必烈等元朝统治者采取了召集流亡、鼓励农耕、禁止杀戮等措施，一方面北方流亡的人口逐渐固定下来，另一方面在进攻南宋时屠杀人口相对减少，因此全国的人口逐年增加，基本上应了“户口增”的要求。

正如邱树森先生所言：“有了充足的劳动力，农业生产和手工业生产的发展就有了条件。元代的农业生产发展虽然不平衡，但与前代比较，还是有不少提高。”

忽必烈刚即位不久，就在诏书中说：“国家以人民为本，人民以衣食为本，衣食以农桑为本。”并采取了一系列恢复和发展农业生产的措施。

1260年，忽必烈设立了十路宣抚司，并命令各路宣抚司挑选通晓农事的人当劝农官；第二年又以姚枢为大司农，并在各路设立了劝农司，从中央派出八名通晓农事的官员为八路劝农使，由他们分头去考察各地的农业生产情况；接着又发布了官吏升降的条例，明确规定“户口增”“田野辟”是考察地方官吏的主要标准。至元七年（1270），中央正式成立司农司，“专掌农桑水利。仍颁布劝农官及知水利者，巡行郡邑，察其勤惰。所在牧民长官提点农事，岁终第其成否，转申司农司及户部，秩满之日，注于解由，户部照之，以为殿最。又使提刑按察司加体察焉”。

忽必烈不仅在中央和各地设立了专门负责农业生产的机构，还专门派出了督促农业生产的官员，责成各级官吏、各有关部门甚至包括提刑按察司都要过问农业，并把农业生产的好坏作为官吏升降的主要标准。这是一种各级官吏督促农业，全国上下大办农业的政策，这种重农政策对元初农业生产的恢复和发展起到了一定的促进作用。

一次，蒙古的朝臣上奏，要将京城近郊的农田变成牧场，以便牧养宫中的马匹，忽必烈听后欣然应允了这个计划。察必皇后听说后马上来见忽必烈，正好看到站在一旁的太保刘秉忠，马上生气地责备他说：“你是个聪明的汉人，皇帝对你的意见总是非常重视，如果你的意见正确，说了陛下就会听取，而你明知道这样做不对，为什么不劝阻呢？”接着察必皇后进一步说：“我们刚到这里时并不主张农耕，割地牧马还讲得过去，现在天下已定，郊外的田地也各有其主，百姓安居乐业，在这种情况下把良田变为牧场，可以

吗？”忽必烈听了察必皇后的话，觉得十分有道理，于是取消了割地放牧的计划。

由于忽必烈的这些政策，元朝的土地有了很大程度的增加，做到了“田野辟”的目标。正如范文澜先生所说：“元朝通过开垦荒地、开发边疆和兴修水利，使农田面积逐渐有所增加。”

正是在这种情况下，元朝出现了三本有名的农书，即《农桑辑要》《农书》和《农桑衣食撮要》。《农桑辑要》是由元朝司农司组织农业专家集体编写的，它是继北魏贾思勰《齐民要术》之后，又一部比较全面介绍我国北方农业生产技术的专书。书中有二十多种作物是《齐民要术》没有记载的，尤其是关于棉花的种植和加工技术，记载得十分具体。它在我国农业发展史上占有重要的地位。由封建政府出面组织编写农书，这在我国历史上还是很少见的。

由于贯彻实施了重视农桑的政策，各地的农业生产都取得了不同程度的恢复和发展。农业发展的表现，首先是水利灌溉业的发达。元初，内设都水监，外设各处河渠司，以兴举水利，修理河堤。宋、金时的水利工程，在元朝都逐步得到了恢复。王祯《农书》中介绍的用于灌溉的水车就有七种，其中高转筒车可以引水到二百余尺的高地。

其次，粮食产量也有了较大的提高。元世祖时期，陕西关中地区的小麦“盛于天下”，关、陇、陕、洛出现了“年谷丰衍，民庶康乐”的景象。长江以南地区产量更高，仅江浙一省的岁粮总数就占了全国岁粮总数的三分之一。少数民族地区农业生产也有很大的发展，当时北至怯绿连河（克鲁伦河）、乞里吉思、谦谦州（均在今叶尼塞河上游一带），南至罗罗斯（四川南部）、乌蒙（云南昭通），均有屯田。

农业发展的成果还表现在：元代我国南方各地棉花种植逐渐推广。由于南方农业的发展，南道棉的产区扩大得较快。与此同时，棉花在北方陕甘一带也普遍种植。当时大半个中国，已遍植棉花。

为保证北京的粮食供应，忽必烈还下令修复和开通了大运河，使大米经运河从中国中部运往都城。元朝政府从1281年起，开始分段开凿新的南北大运河。其中镇江至杭州的江南运河，淮安经扬州至长江的扬州运河，大抵为隋代旧道；徐州至淮安段系借用黄河下游；自山东东平境内的汶水南下与黄河相连接的济州河，于至元十八年（1281）开凿；自山东临清经东昌（今山东聊城）到东平路须城县西南安山的会通河，于至元二十年（1283）开凿；通州至临清段为御河（今卫河），大都至通州为通惠河，于至元二十八年（1291）由郭守敬主持开凿。

为了备荒，忽必烈恢复了国家控粮的政策，在丰年，国家收购余粮，贮藏于国仓。当荒年谷价上涨时，开仓免费分发谷物。

此外，忽必烈还组织了公众救济。1260年元朝颁布布法令要求地方长官对老学者、孤儿、病弱者提供救济。对此，马可·波罗曾感叹说，忽必烈本人每天就要接济三万穷人。1271年元朝又颁布一道法令号召建医院。通过这些政策的实施，社会日趋稳定，国家获得了很大程度的发展。

马背上的乾坤

范文澜先生曾言：“元朝的军事制度，在元世祖忽必烈统治时期，已经基本上建立起来。”

其实，元代在漠北草原的蒙古人，仍过着兵民合一的游牧生活，战时出军，平时便屯聚牧养。在汉地和江南，元朝军士的来源采取从固定的军户中签发的办法。蒙哥初年，军户制度已基本确立。宪宗二年（1252）登记户口时，已明确区分民户和军户。探马赤军、汉军、新附军，以及进入内地的大多数蒙古人，皆登记为军户，以后又陆续有一些汉族和其他各民族人被签入军户。签发汉军时，一般取中户。凡户出一人者，称为独军户；合二、三户出一人，则出丁男户为正军户，其余为贴军户，共同资助出军者所需鞍马、器杖等物。至元元年（1264）规定军户和站户（在驿站服役人户）减半纳地税，豁免杂泛差役，后来改为免税粮四顷，称“赡军地”。军户应役由奥鲁办理。蒙古人出征时，其家口、辎重屯于驻地，称为奥鲁。《蒙古秘史》译为“老小营”“老营”。元朝发展为完善的奥鲁制度。蒙古军、探马赤军的军户，由隶属其所在地区千户、万户的奥鲁管理。管理汉军军户的奥鲁由管民官兼领。新附军军户未设奥鲁。奥鲁的主要职责，一是从军户中签发丁男应役，对“死亡患难，有所存恤”；二是为起发当役者置备鞍马、器杖、盘缠等。

元代军事防卫分为两大系统，即戍卫京师（大都和上都）的宿卫系统和镇守全国各地的镇戍系统。

宿卫军队由怯薛军和侍卫亲军构成。忽必烈建国后，保留了成吉思汗创立的四怯薛轮番入侍之制，用他们列值禁宫以充护卫侍从，常额在万人以上，由皇帝或亲信大臣直接节制。侍卫亲军用于环卫京畿，到元朝末年先后置三十余卫，卫设都指挥使或率使，品秩与万户相当（正三品），隶属枢密院。进入内地的色目人军队，由于战斗力较强，相当一部分被编入侍卫亲军。镇戍诸军的布局，腹里主要由蒙古军和探马赤军戍守。华北、陕西、四川等地的蒙古、探马赤军由各地区的蒙古军都万户府（都元帅府）统领，隶属枢密院。南方以蒙古军、汉军、新附军相参驻戍，防御重点是临江沿淮地区。隶属行省的镇戍诸军，有警时由行枢密院统领；平时日常事务归于行省，但调遣更防等重要军务仍受枢密院节制。全国军马总数，只有皇帝和枢密院蒙古官员知道，行省兵马也只有为首的蒙古官员知道。

在元朝的军事制度中，尤其要注意的是怯薛制。其实，怯薛制是从成吉思汗时代开始的。以后，怯薛军成为历代大汗或元帝王的守护者和重要的统治工具。

正如朱耀廷先生所言："成吉思汗建立的怯薛军既是由大汗直接控制的常备武装，又是一个分管中央日常事务的行政组织，它已发展成为蒙古汗国中枢庞大的统治机构。成吉思汗给了他们优越的地位：怯薛者的地位高于在外的千户官；怯薛者的从者，地位在百户官、十户官之上。成吉思汗建立这样一支强大的武装力量，对维护汗权、巩固新生的统

一国家、防止氏族贵族的复活和重新发生内战，是十分必要的。当然，它也是成吉思汗对外进行征服战争的有力工具。”

成吉思汗着手建立怯薛军时就降旨道：“昔者，朕仅有担任白昼警备任务之侍卫七十人，负责夜间警备任务之宿卫八十人。今赖长生天之助力，得天地之赞助，匡普天下之百姓，俾入朕一统之制。今当拣选十户官、百户官、千户官、万户官之子弟人为卫士，俾满万数而为怯薛军。”

这支精锐的怯薛军有着严格的纪律，同时也享有非同一般的特权，一个普通的怯薛军人的地位甚至高于千户官。这支军队的每个成员都由成吉思汗亲自挑选，他们必须忠诚地为他服务，不辜负他对他们的信任。据蒙古古代诗人记载，一天，成吉思汗在对那些老卫士发表讲话时以华丽的语言赞扬和鼓励他们说：“朕之忠心耿耿之众卫士，汝等竭诚效君王，鬓发各已苍！云夜卧于外，星夜巡宫旁。飘飓风雪里，谨护朕营帐；倾泻大雨中，护朕编壁房；棘针风骚骚，透衣雨冰凉。但为朕眠安，谨守终夜长。众敌伺于周，汝等拒之荒。相戒不瞬目，刀剑放光芒。但得君命招，应声立朕旁！朕今登极位，赖众苦勤工！”

成吉思汗对卫士们大加赞扬后，便将他们整编分队，分别给各队赐予崇高的称号。这些称号就像拿破仑军队中的称号一样使这些卫士感到十分自豪和骄傲，在这些卫士的心中激起了一种竞相报效皇上的崇高热情。例如，由斡歌列扯儿必率领的七十名白班侍卫被封为“大侍卫”；由阿儿孩合撒儿率领的勇士被封为“老勇士”；由也孙帖额和不吉歹率领的弓箭手被封为“大弓箭手”。

成吉思汗还要求自己今后的继承者也必须遵循他的安排，给这些老卫士以特别恩宠。他说：“朕之子孙之子孙，久后居朕位者，必当忠于朕之遗训，善待汝等，尊汝等为帝国之守护神！”

成吉思汗还进一步指出：“朕之弓箭手犹如遮天蔽日之密林。朕必以甘养之，以锦衣衣之，以宝马骑之，以水草丰美之牧场封之，不使其牧场生有害之荆棘！”这正切合了那句话：“有非常之功，则有非常之赏。”

由于怯薛军分四班轮番入值，因此习惯上称为四怯薛。其中的护卫人员称怯薛歹，偶数叫作怯薛丹。正在执行任务的护卫人员叫怯薛者，从事宫廷服役的怯薛歹称为怯薛执事。怯薛歹是从万户官、千户官、百户官、十户官及自由民的儿子中挑选，这说明成吉思汗十分注意保障这支队伍的可靠性。成吉思汗规定，怯薛军的主要职责有三项：一是护卫大汗的金帐；二是“战时在前为勇士”，充当大汗亲自统率的作战部队；三是分管汗廷的各种事务。

这样，怯薛制度就流传了下来，并成为后来元帝国军事制度的一个重要组成部分。

对于这个马上得天下的帝国来说，强大的军队是帝国依赖的根基。但是元朝统治者却过分迷信武力，面对激烈的民族矛盾和社会矛盾一味以铁骑来镇压，而没有通过有效的行政管理来实现，所以最终毁掉了用武力换来的统治。

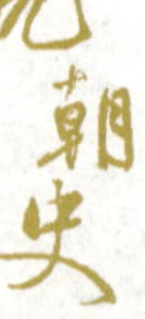

盛世下的阴影——等级制度

元朝自混一以来，大抵皆内北国而外中国，内北人而外南人。以至深闭固拒，曲为防护，自以为得亲疏之道，是以王泽之施。少及于南，渗漉之恩，悉归于北。

——（明）叶子奇《草木子》

以上就是《草木子》中对元朝等级制度的描述，正如范文澜先生所说："元朝的政治制度贯穿着民族等级制的民族压迫的原则。"

事实上，元朝一诞生，便形成了一个独特的以民族为界线划分的等级社会阶级，这种层级的划分显然不再是传统中国简单的君臣父子与贫富贵贱了，而是以蒙古人为中心的种族区分。这种制度大体是根据归附蒙古征服者的时间先后建立的，先归附者其政治、法律地位较高，后归附者则较低。最高一等是蒙古人，第二等则是由西域多族人构成的色目人，第三等才是汉人。不要以为汉人就此便可了，须知道这等汉人还必须是中国北方由原来金国统治之下而南宋无力救还的汉族及其他少数民族（这里这些汉人已是算为元朝的少数民族了）。而南宋灭亡以后生活在原南宋疆域内的汉人和其他民族的人民，则处在第四等位置上。

由此可见，如果李清照这样的女词人，或是辛弃疾这样的大才子再迟生几十年，也都成为元朝最下等的一类人了。

元朝之所以对人民实行严格的等级制度，完全是为了统治阶级的统治需求。对此，蒙思明先生有深刻的论述：盖蒙古之征服中国也，由于内地政治之腐朽与分裂；既征服中国之后，又因土地广漠，文化杂糅，限于西北诸王之反对与统一局面之维持，而不能尽情汉化，以消灭种族之界域。则其唯一之政唯在百端防闲，削减被征服者之反抗能力，以保持其既得权利而已……蒙古人果何爱于色目人，而必使之高于汉人、南人？又何爱于汉人，而必使之高于南人乎？是则欲造成相互牵制之局，以从中取利者耳。

这四个等级的人在政治待遇和法律上都有严格的区分，对蒙古、色目人特别优厚，对汉人和南人则百般歧视。

如在各级统治机构中，正职一律由蒙古人担任，汉人、南人只能担任副职。终元之世，担任中书省左右丞相的汉人只有为蒙古统治者立下过赫赫战功的史天泽和贺惟一；掌握军机大权的枢密院长官知枢密院事、同知枢密院事，掌监察大权的御史台长官御史大夫，则没有一个汉人官员担任过。在地方各级机构中，掌握实际权力的达鲁花赤一职，只能由蒙古人和色目人担任，汉人任总管，回回任同知，并三令五申严禁汉人、南人、契丹人、女真人等出任达鲁花赤。

对此体验最深刻的恐怕要数元朝的文人了，这从许多元曲作品中可见一斑。在散曲作品中，叹世之作随处可见。有感叹世事颠倒错乱的，“不读书有权，不识字有钱，不晓事倒有人夸荐”（无名氏《朝天子·志感》）；有慨叹权豪横行的，“仗权豪，施威势，倚强压弱，乱作胡为”（滕斌

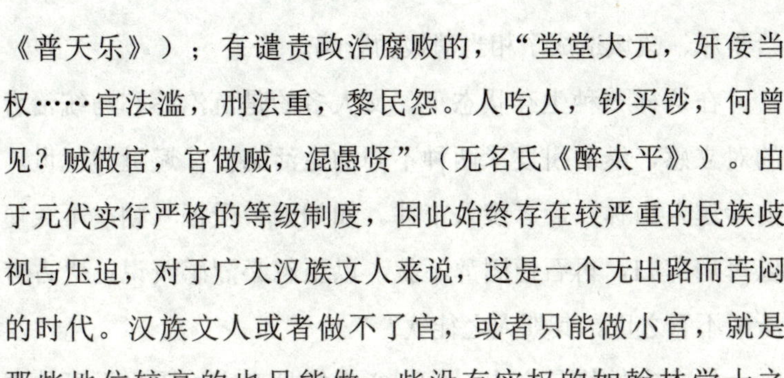

《普天乐》）；有谴责政治腐败的，“堂堂大元，奸佞当权……官法滥，刑法重，黎民怨。人吃人，钞买钞，何曾见？贼做官，官做贼，混愚贤”（无名氏《醉太平》）。由于元代实行严格的等级制度，因此始终存在较严重的民族歧视与压迫，对于广大汉族文人来说，这是一个无出路而苦闷的时代。汉族文人或者做不了官，或者只能做小官，就是那些地位较高的也只能做一些没有实权的如翰林学士之类的官。

无奈之下，汉人只好“由刀笔吏得官”，而这最是文人所不屑为的。文人的地位在元朝一落千丈，汉族文人对此充满失望与怨愤的情绪是必然的。不要说白衣文士由此失去了晋身之阶而不满，就是那些做了高官的汉族文士，由于受到蒙古贵族的排挤，心情也是不愉快的。如替元朝出了不少力的许衡，临死之前对他的儿子说：“我平生为虚名所累，竟不能辞官，死后慎勿请谥立碑也。”位高如许衡者都发出这样的感叹，何况那些籍籍无名的文士呢？

皇庆二年（1313）元朝恢复科举考试后，在考试科目上规定蒙古人、色目人考两场，而汉人、南人则需考三场，考题难易也有差别。虽然赴试的汉人、南人士子的人数远在蒙古人、色目人之上，但录取的名额却是按四个等级平均分配。在录取的名次排列上，明令规定有人不得进入前三名，蒙古人一旦及第即委任六品官，而其他等级则递降一阶。科举考试中的民族政策，极大限制了本来具有文化优势的汉族知识分子通过科举得到参政机会的可能，使元朝成为隋唐以来科举选士、选官对任官制度影响最小的一个时期，同时也给学风、政风造成了相当消极的影响。

在这样一种生存状态下，文人多的是沉沦感和与统治者的对立感，继而引发了两种不同的生活态度：避世与玩世。前者遁入山林，后者步入市井。如刘因曾受征入朝，不久便以母病辞归，再召便固辞不就，以至忽必烈感慨说：“古有所谓不召之臣，其斯人之徒欤？”

但文人始终是文人，他们心中修身齐家治国平天下的理想是根深蒂固的，所以元代文人所崇尚的隐逸精神、浪子风流只是表面现象，他们的内心其实是被矛盾所控制的。

从法律规定上来看，蒙古人、色目人犯法归大宗正寺审理，汉人、南人犯法归刑部审理。刑罚的规定也是不平等的，蒙古人与汉人起纷争，汉人遭殴打不许还手，只允许告官，“违者严行断罪”；蒙古人与汉人起纷争及醉酒打死汉人，只罚其出征、付给烧埋银即可了结；汉人、南人犯罪须在手臂上刺字，而蒙古人、色目人则不必；汉人打死蒙古人，除了凶手要被处死刑、抄没其家产，还要付五十两烧埋银。一些法令、条文还规定：“官府向民间括马，蒙古人不取，色目人三匹取其二，而汉人则悉数入官。”同时，元朝还严禁汉人和南人制造、私藏和持有武器，不许养马打猎，不许练武集会，不许在夜间通行，等等。

蒙古统治阶级一方面通过登记制度来压迫其他民族。但另一方面由于其出身于游牧民族，自身对于中原的农耕文化，以及先进的科学技术知识并不在行，这就决定了蒙古统治阶级在发展国家经济与科学技术、文化艺术等诸方面必须要完全依靠其他民族的智慧与劳动，而等级制度毫无疑问是

与之不相适应的政治制度，用一种很流行、很专业的说法形容就是生产关系不能适应生产力的发展。元世祖忽必烈采取了一系列的措施，推进了社会发展，使其统治时期成为元朝的盛世，但等级制度却给其蒙上了阴影，这层阴影在元朝末期激起广大人民的极大反抗。也许这是元朝最终灭亡的主要原因之一。

正如叶子奇在《草木子》中评论说："元朝天下，长官皆其国人是用，至于风纪之司，又杜绝不用汉人、南人。宥密之机，又绝不预开矣。其海宇虽在混一之天，而肝胆实有胡越之间，不过视官爵为己私物。其视古圣立贤无方之道，果何如哉。不知天位天禄，天以命有德，岂能屯膏吝赏，久蔽于汉人、南人哉。是以不及百年，大乱既踵，而爵禄皆归中原之人，盖祸福乘除，其数然也。"

正如很多人所说，自五代时期后晋称辽为父国而自称儿皇帝，到宋称金为伯父之国而岁币献纳不止，再到元帝国汉人整体做了下等人民，这一条民族萎靡而自失尊严的道路是如此令人震惊，令我们不断进行冷静的反思。由秦汉之雄风，到唐朝之盛世，中华的国家与文化声名恢恢乎曾响彻寰宇，再到宋元之际的低落颓败，一个大国之裂变，真正算得上是历史的天翻地覆了。

专栏

郭守敬修订历法

忽必烈刚即位那会儿，有个叫刘秉忠的人给他推荐了不少有才的汉族知识分子，以便帮助他把元朝建设得更美好。元世祖忽必烈是个十分开明的皇帝，对汉族的人才能够加以重用，所以这些汉族的知识分子就发挥出了自身的才能。有一个叫郭守敬的科学家就是其中之一。

要说郭守敬，先得说说他的爷爷郭荣，郭守敬后来之所以成了一位科学家，那还得仰仗于他从小就有一个有文化的爷爷。郭荣是个全才，无论是文学还是科学，他都有研究。受爷爷的影响，郭守敬自然而然也就对这些知识有了兴趣。

郭守敬小的时候，有一次刘秉忠到郭守敬的老家邢州去开个学术讲座，郭荣听说了以后就赶紧把孙子带进去旁听，还请求刘秉忠收郭守敬为学生。就这样，郭守敬后来就跟着刘秉忠学习，还结识了不少跟他有共同兴趣爱好的朋友。

在刘秉忠这个恩师的教导下，郭守敬慢慢地成长为了一名有作为的科学家。那时候忽必烈刚刚把北方稳定下来，正发愁没有科技人才帮他搞农业生产。刘秉忠的好朋友张文谦就把郭守敬介绍给了忽必烈。经过面试以后，忽必烈觉得郭守敬是个靠谱的人，学问也搞得不

错，对北方的水利情况也比较了解，于是毫不犹豫地就派他负责了这个项目。

在水利方面，郭守敬做出了不小的成绩。除了治理北方的水利，后来忽必烈又派他到西夏去工作了一段时间。郭守敬尽职尽责地在西夏为人民服务，把当地的农业生产搞得有声有色，使农民们的生活条件得到了极大的改善。看到郭守敬如此有能力，忽必烈还让他去江南逛了逛。郭守敬在江南开凿了一条叫惠河的运河，让大都跟江南能够直接通航，便利了当时的交通。

后来忽必烈快马加鞭地把南宋给灭了，这时候就要在南方搞经济建设，郭守敬的才华又有了用武之地。以前蒙古使用的历法是金留下来的，可是这种历法很不科学，总是跟实际生活对不上，元世祖就琢磨着让人制定一个新的科学的历法。

忽必烈让郭守敬负责新历法的制定。郭守敬对待科学始终秉承着理论联系实际的态度，他首先把已经破烂不堪的旧仪表给换了，制造出一种新的、更加精准的仪表。后来他又请求忽必烈建造一个新的天文台，在全国各地设下将近三十个观测点，使得天文观测更加精准。考虑到国家的发展，忽必烈高兴地答应了郭守敬这个请求，而且拨了一大笔经费予以支持。

在郭守敬的带领下，新的历法班子在历经两年多的刻苦钻研之后，终于制定出了一个行之有效的科学历法，它计算出一年的天数是365.2425天，与现在的公历周期相同，这部历法叫作《授时历》。

第五章 东西方交流史上浓重的一笔

蒙古人的征战像一个巨大粗暴的铧犁，不仅翻动了世界，也沟通了中西。

随着蒙元疆域的不断扩大，沟通的地域也越来越广。而蒙元在这个庞大的帝国当中所实行的一系列政策，用现代的眼光来看，竟然具备现代全球化的雏形。作为蒙元帝国中央的元朝，更是因为其富庶和实行的信仰自由政策成为世界人们心目中朝圣的目标。于是，一批批外国人走进来，有朝鲜人、日本人、东南亚人、欧洲人、非洲人，有基督教徒、伊斯兰教徒、佛教徒；一批批中国人走出去，去往亚洲、欧洲、非洲。元朝成了亚欧非三洲的中心，定会在东西方交流史上留下浓重的一笔。

蒙元征战产生的“蝴蝶效应”

在全球化的时代背景下，我们需要把被西方视为“世界之鞭”的成吉思汗置于现代化的语境下，重新评价他所建立的蒙古帝国对今天世界形成的影响。毕竟，是成吉思汗创造了最早的全球化，成吉思汗的成就挑战了人类想象力的极限，所有被蒙古人征服的欧洲国家，在文化交流、贸易以及文明进步方面，很快就产生一种空前的上升态势，欧洲人生活的各个方面“都由于蒙古人的影响而在文艺复兴时期发生了改变”。

如果说蒙元残酷、杀戮、落后，很多人会不假思索地接受，但如果说蒙元实现了最早的现代化，可能有人认为这是发烧后的妄语。但历史确实如此，蒙元时代实际上就是第一个全球化时代，蒙古帝国所实行的世俗政治、法律面前无贵贱、贸易自由、知识共享、宗教宽容、外交豁免权、国际法、国际邮政体系等构成了近代世界体系的基础。

1995年12月31日的《华盛顿邮报》公布了该报“千年人物”的最后人选就是成吉思汗。该报公布的理由就是成吉思汗具有今天“全球化”的眼光，建立了一个横跨欧亚大陆的自由贸易区，完美地将人性的文明与野蛮集于一身。1999年12月的《时代周刊》也把成吉思汗列为千年人物第一名。

马克思告诉我们要辩证地看待历史。所以，今天的我们应该以一种无偏见的眼光来重新审视蒙元的征服。

蒙古部落兴起的时候，人数不过百余万人，成吉思汗死后遗留的全部兵力也只有十二万余人。而成吉思汗和其子孙建立的蒙元帝国总面积约三千万平方公里，拥有中华文明、波斯文明、印度文明和罗马文明等世界诸多古国，在蒙元帝国的铁骑面前都不堪一击。

蒙古铁骑所到之处，并不是只有屠杀和毁灭。从技术

上看，在蒙古兴起之时，成吉思汗的部落没有掌握任何生产技术，其首领的财富不过是拥有马镫。蒙古开始征服世界之后，却能够吸收每一种文明的所有技术，并在各文明之间传播。

韩儒林先生说过："成吉思汗把东西交通大道上的此疆彼界扫除了，把阻碍经济文化交流的堡垒削平了，于是东西方的交流开始频繁，距离开始缩短了。"

马克思也曾说过："火药、罗盘针、印刷术，这是资产阶级社会到来的三大伟大发明，火药把骑士阶层炸得粉碎，罗盘针打开了世界市场并建立了殖民地，而印刷术却变成了新教的工具，总的来说，变成科学复兴的手段，变成对精神发展创造必要前提的最强大的杠杆。"而印刷术、指南针、火药正是经蒙古人传播到欧洲的技术，欧洲的近代文明实际上受益于蒙古的征服，元史学家威泽弗德认为："欧洲人生活的每个方面——科技、战争、衣着、商业、饮食、艺术、文学和音乐——都由于蒙古人的影响，而在文艺复兴时期发生了改变。"

诚然，蒙古的征服有野蛮和残酷的一面，但我们更应该看到蒙元帝国进步的一面。蒙元帝国实行宗教宽容政策，不树立意识形态偶像、不定思想罪、不将自己的制度强加于所有的臣民，至少这一点要超越了它所征服的所有地区。单就这一思想来看，成吉思汗完全可以是一个现代人，并且是超越种族和民族偏见的现代人。成吉思汗之所以具有这样的思想，与他特殊的个人经历有关。

成吉思汗曾经在与王罕争权的斗争中失利，最后只剩十九人跟随。在饥寒交迫之中出现了一匹野马，精疲力竭的人们杀之果腹。成吉思汗得以躲过一劫。他对部下发誓永不相忘。而这十九个人来自九个不同的部落，有不同的信仰。有基督徒（聂斯脱里派）和萨满教徒，也有穆斯林和佛教徒。这说明对蒙古人来说，忠诚超越了血缘、种族和宗教信仰。

元史学家威泽弗德认为："它接近于形成一种建立在个人选择和互相承诺基础之上的、现代公民的权利和义务。这一关系在铁木真部众中成为一种新型共同体的象征，这最终将作为蒙古帝国内部统一的基础，处于支配地位。"

蒙元对世界的影响还在继续。欧洲之所以能够跨入近代，不仅是因为他们从蒙古人那里获得了必要的工具（四大发明），同时，也正是在试图与蒙古帝国这个黄金国度不断接近的尝试中，他们无心插柳，开辟了新航路，发现了新大陆，虽然最终没有进入黄金国度，却开创了人类历史上的黄金时代。

哥伦布的远航就是因为要找出一条通往蒙古汗国的新航线。在奥斯曼土耳其阻断东西方的交通之后，哥伦布向西班牙的君主费迪南二世建议，他可以从海路前往东方从而重新建立西方与蒙古大汗的联系。

而促使哥伦布开辟新航路的是正是《马可·波罗游记》。《马可·波罗游记》中不仅渲染了东方的文明和富庶，声称蒙古大汗亲近基督教，也使一般民众心向往之。后人对《马可·波罗游记》有各种各样的争议，但一个不争的事实是，这本书是欧洲跨入近代的导引者。

“一只蝴蝶在巴西轻拍翅膀，可以导致一个月后得克萨斯州的一场龙卷风。”曾经在中国北方蒙古草原上痛苦挣扎的十九个人，若干年后刮起了一场席卷世界的风暴。几个世纪以后，受他们的影响，另一场风暴把世界刮入了近代。现在，成吉思汗的影响还在继续，不知道将来他还将成为导致哪一场风暴的那双“蝴蝶的翅膀”。

驿马驰骋在辽阔的土地上

道路如同血管，所需要的各种给养经此源源不断地输送到各地，自古至今，莫不如此。而在没有现代通信手段的古代，驿路就是一个国家的神经，没有畅通、及时的通信，一个国家很快就会陷入瘫痪。

蒙古建立了庞大的帝国，而这个庞大的帝国要维持统治，不至于瘫痪，自然也要保证驿路的畅通。事实上，正如李治安先生说过的那样：“有元一代，中原汉地较早便设有站赤，以供交通往来使用。成吉思汗西征之际，就曾命令刘仲禄通过站赤前往山东地区敦请全真道士丘处机。”早在成吉思汗时期，蒙古人为了传达政令、互通情报、运送物资等事务，“在国土上遍设驿站，给每所驿站的费用和供应做好安排”。蒙古的一些主要驿道从天山南北地区（后属察合台汗国）通过。成吉思汗的近臣耶律楚材、长春真人丘处机等人，都曾使用当地的驿站。

“前年驿骑过西陲，闻道萱堂鬓已丝。”这是耶律楚材奉诏随成吉思汗西征时对驿站的描写。另外，在他的诗句中多处提到西征途中的驿马："庚辰之冬，驰驿西域，过山城驿中。"

"驿马程程送，云山处处罗。"这是丘处机辞别成吉思汗时所写的一首诗，当初丘处机去见成吉思汗时，就是沿着驿路前进的，归途时自然要"驿马程程送"了。窝阔台成为蒙古大汗之后，进一步将驿站制度严密化、系统化。察合台完全赞同窝阔台的想法，察合台派人报告窝阔台："我从这里相迎，把驿站相接通。我再从这里派使者去到拔都那里，让拔都也把他那里的驿站相迎着接通起来。"

1245年教皇英诺森四世派遣方济各会修士约翰·普兰诺·加宾尼出使蒙古。这些教皇使者就利用了蒙古的驿站，"一天要换几次马，因此无须爱惜马匹"，"一路上骑着马飞快地奔跑，一刻也不停息"。结合他们的行走路线可以推断，察合台汗国的驿道连接了中亚与蒙古本部，再往西可达金帐汗国。

20世纪上半期，德国中亚探险队在新疆吐鲁番获得了一组察合台汗国蒙古文乘驿文书，它们记载了使者换乘驿马、支取饮食祗应的情况，也提到了管理饮食的官员、站官等。从这些文件中人们发现，察合台汗国的驿站不但依然存在，而且仍发挥着正常职能，向使者提供换乘马、住宿和饮食。饮食份例沿袭蒙古帝国时期的旧制，包括羊、酒、粮食。稍有不同的是，察合台汗国驿站供应的羊肉数量比较多。察合台汗国位于蒙古与西亚、东欧之间，境内驿道是连接这些地区的主要通道。

后来，元朝沟通南北大运河的开凿，使中国的驿路交通空前发达。陆路交通方面，全国各地设有驿站1500多处，其中包括少数水站。驿道北至吉尔吉思，东北至奴儿干，西南至乌思藏、大理，西通钦察（金帐）、伊利两个汗国，可谓“星罗棋布，脉络相通”。

“从汉八里城，有通往各省四通八达的道路。每条路上，也就是说每一条大路上，按照市镇坐落的位置，每隔40或50公里，都设有驿站，筑有旅馆，接待过往商旅住宿。这些就叫作驿站或邮传所。这些建筑物宏伟壮丽，有陈设华丽的房间，挂着绸缎的窗帘和门帘，供给达官贵人使用。即使王侯在这样馆驿下榻，也不会有失体面。因为需要的一切物品，都可从附近的城镇和要塞取得，朝廷对某些驿站也有经常性的供应。”

这是马可·波罗在自己的游记中，以十分钦羡的笔调写的一段话。马可·波罗还说，元朝每一个驿站，常备有400匹马，供大汗的信使们使用。驿卒们传递紧急文书，一日可以飞驰320公里，即640华里。他们身上都带着一面画着鹰隼的牌子，作为急驰的标志，“他们束紧衣服，缠上头巾，挥鞭策马以最快速度前进”。虽然他的说法与当时的实际情况有点出入，但基本符合当时元驿站发达的情况。

意大利旅行家鄂多立克在他的游记中也提到了发达的元帝国邮政。

“信使骑着飞驰的快马，或疾走的骆驼。在他们接近那些驿站时，吹响号角，示意他们来到。驿站主听到号角后，让另一名使者骑上新的坐骑，接过信函后，飞奔到下一站，依次这样下去，于是，大汗在24小时之间可得到按正常推算需三天骑程之远地区的消息。”

元朝的驿站制度继承了前代，又有所发展。沈括在《梦溪笔谈》中曾经提到宋代的一种“急脚递”的传送政府文书的方法，这种传递方法是接力步行传递。神宗时还在从京师开封至广西沿线设置专门的“急递铺”。急递铺的送信形式，到元朝时候达到昌盛时期，其制度的完备、组织的严密、网络的发达，远远超过宋朝。元朝时急脚递完全代替了宋朝的步递形式，而且马递在此时也逐渐消失，急脚递便成为公文传递的唯一通信工具。

“在各个邮站之间，每隔约5公里的地方，就有小村落……这里住着步行信差……他们身缠腰带，并系上数个小铃，以便当他们还在很远的地方时，听见铃响，人们就知道驿卒将来了。因为他们只跑约5公里……从一个步行信差站到另一站，铃声报知他们的到来，因此使另一站的信差有所准备，人一到站，便接过他的邮包立即出发。这样一站站依次传下去，效率极为神速。只消两天两夜皇帝陛下便能收到很远地方的按平时速度要十天才接到的消息，碰到水果采摘季节，早晨在汗八里（今北京）采下的果子，第二天晚上便可运到上都。这在平日是十日的里程。”

这是马可·波罗对当时中国的铺兵工作的形象描绘。通过这段叙述，我们可以想象得到元朝时候急递铺步行送信的神速。

加急快递的驿使都有自己的特殊的通行驰驿的牌符证件，各个朝代的称呼不一样。元代称呼为“铺马札子”，不

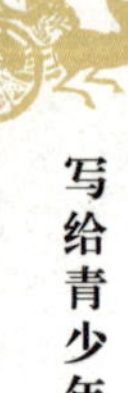

过不要把它当成今天的马扎子，最常见的“铺马札子”是金、银字圆牌，还有一种叫“铺马圣旨”的证明。金、银字圆牌是紧急驰驿的证件，专门递送军情急务。

韩儒林先生说：“元朝政府比较重视西北地区驿站的管理，逐步建立起一套驿站管理制度。”为了保证驿路的畅通，元朝还建立了严密的“站赤”制度，使邮驿通信十分有效地发挥效能。所谓“站赤”，是蒙古语“驿传”的译音。站赤制度，是一种系统而严密的驿传制度。这些对驿站管理和对驿官考核的具体条例，对元代邮驿发展起了保证作用。

骏马的另一种魅力

自从唐代后期到蒙古人建立元朝，日本和中国脱离外交关系长达四个世纪之久，忽必烈在中原建立元朝后，企图改变这种情况，想使日本与其他政权和民族一样臣服于蒙古人。为了实现这一目标，要求日本无条件投降，忽必烈数次遣使前往日本，但均为日本政府所拒绝，于是忽必烈决定进攻日本。

今天，在日本今津一带有抗元石垒的遗迹，成为福冈市的一个著名旅游景点，这是日本镰仓幕府在博多湾沿岸建造的反抗元军进攻的石坝。石坝西起今津，东至箱崎，坝高五六尺，厚约一丈，沿自然地形延伸长达二十余公里。这个石坝在元军进攻的防卫战中，起了很大的作用。

在陆地上所向披靡的蒙古铁骑，却不善于水陆两栖作战，蒙古人战无不胜的神话在海战中破灭。茫茫大海，止住了元朝扩张的铁蹄。

蒙古军队之所以战无不胜，主要依靠的是它的骑兵，事实上蒙古军队在所有无法展开其骑兵优势的战场上鲜有胜绩。如在安南、爪哇和高丽都遭遇了失败，这也是蒙古扩张力量由盛到衰的必然过程。而蒙古帝国也终于止住了扩张的步伐。

虽然扩张的步伐止住了，但交流却不能停止。至元十五年（1278），元朝福建行省参政唆都派使节到达占城（越南中南部古国）。使节回报占城国王失里咱牙信合八剌麻哈迭瓦有归顺之意，元世祖忽必烈于是封其为占城郡王。但此后不久，占城王子布德（史书写为补的）专权，扣押了元朝派往暹罗国（今泰国）、马八儿国（今印度半岛南端佩内尔河以南）的使者。忽必烈数度讨伐，但都没有结果。元成宗时，元朝与占城恢复了友好关系。

元朝在边疆逐渐稳定下来后，与周围各国建立了友好往来的关系，经济文化交流日益频繁。正如邱树森先生所说："东亚、南亚各国都是我国的近邻，元朝交通方便，与这些国家的经济文化交流是非常密切的。"

1976年，日本人在木浦附近新安郡的海底发掘了一艘七百年前来自中国元朝的沉船，这艘沉船有十二个船舱，发掘沉船的同时还挖掘出中国的瓷器、高丽的青瓷、日本的工艺品。可见这艘船是往返于三国之间的贸易商船。在发掘出大量商品的同时，还发掘了大约七万枚元代钱币。可见，元朝的货币在当时世界是一种世界性的货币，类似于今天的

美元。

元代的造币业非常发达，当时在市场上流通的除了传统的铸币，还有大量的纸币。马可·波罗在他的游记中专门讲述了元朝印刷、发行、市场流通使用纸币的情况，使欧洲人大开眼界。

在互相的交流过程中，元朝的货币往东流出到达了高丽和日本。在经济上，元朝与高丽通过互市进行物资交流和钱币交换。货币往南主要流出到东南亚各国。《岛夷志略》记载，元朝商人从海路到安南、占城（今越南）经商，带出一批财物和钱币；元代旅行家周达观写的《真腊（今柬埔寨）风土记》中说，元朝的钱币、金银、铜器、锡器、漆盘、青瓷、麻布、雨伞、铁锅等，在真腊到处可见。1294年暹罗国王来元朝访问，从此，元朝的商品、钱币不断流到现今的泰国。

除了马可·波罗，摩洛哥旅行家伊本·白图泰也记述过元朝商人带着商品和钱币，到印度南部的俱兰、狮子国、马尔代夫去做生意的情景。

元朝与周边国家的交往不仅仅局限在经济上，还包括宗教文化等各个方面。例如，当时有一位中国的禅师一宁就被日本天皇尊为国师。当时，元成宗为与日本修好，派遣一宁等为使者，出使日本，受到日本天皇后宇多隆重欢迎。后宇多天皇对一宁十分尊敬，后将一宁留下担任镰仓建长寺的住持。一宁也就留在日本弘扬佛法。公元1317年，一宁在日本京都南禅寺圆寂。他的塔祠至今仍存于日本京都南禅寺。元朝除了与越南、日本关系密切，与高丽的关系也从当初的敌对渐渐走向友好。“卫兵学得高丽语，连臂低唱井即梨。”这是元朝诗人张昱写的两句诗。据《元史》记载，元朝时期高丽与元朝的关系很密切，特别是在高丽国王子于至元十一年（1274）迎娶了忽必烈皇帝的公主为高丽皇后以后，双方的关系更为密切。在这种历史背景下，高丽及后来的朝鲜学者都很重视对元朝的文化加以学习。

元朝和高丽的友好往来在民间也非常频繁，元代高丽文献《老乞大》《朴通事》二书生动地展现了这种友好画面。

有个例子很能体现这种友好的交往。当时高丽商人通常是与亲戚邻里合伙入元营商，而且高丽商人喜欢与中国商人一路同行。元朝商人对之进行热情的关照和教导，给其做商业参谋。高丽商人很感激地向人介绍说：“他是汉儿人，俺沿路来时好生多得他济，路上吃的、马匹草料，以至安下处，全是这哥哥生受。”启程回国时高丽客商对中国商人依依不舍地说：“咱每这般做了数月伴当呵不曾面赤，今后再厮见呵，不是好兄弟那什么？”

化干戈为玉帛，用友好往来代替刀兵相见，以商路上的驼铃代替铁骑的杀伐声。再好的骏马也有倦的时候，再锋利的刀剑也有磨钝时候，当元朝学会以另一副友好的面孔与其他国家交往的时候，人们发现，马背上货物的魅力并不逊于全副武装的甲兵。

“古道驼铃”与“海上丝绸之路”

如果说蒙古帝国只在军事上是世界第一，而元朝则不仅在军事上是世界第一，而且经济、文化都是世界第一。曾经有人这样说过，元朝北京，是从朝鲜半岛到多瑙河的世界的首都。

“元以功利诱天下”（方孝孺《赠卢信道序》），元朝是中国历史上唯一真正重商的朝代。宋朝的商业非常繁荣，宋朝的对外贸易主要是外贸官员蒲寿庚完成的。蒲寿庚是阿拉伯裔，后投降元朝，使宋的对外贸易被元朝很好地承接，并且得到很好地发展。宋朝赋税重，而元朝赋税轻，这也大大促进了贸易的发展。

元史专家威泽弗德认为，如果没有全球性的商业扩张恐怕也就没有今天的世界体系，而在促进全球商业方面没有哪个民族能与蒙古人相比。近代的世界体系是在资本主义的冲击之下形成的，而在13世纪已经出现过由蒙元帝国维持了一个世纪之久的“世界体系”，13世纪之初是军事征服，到了后期，寻找新商品成为蒙古扩张的动力之一。在欧洲，自蒙古人入侵五十年以来，众多被孤立分隔在各自小圈子里的文明融为了一体，有了统一的洲际交通、商业、技术和政治体系；在亚洲，中国传统的抑商政策被蒙古人彻底打破，中国的工场不仅要为世界市场生产传统的中国瓷器、丝织品，还要为专门市场增加全新的品种，出口欧洲。

元代的疆域“北逾阴山，西极流沙，东尽辽左，南越海表”，中国同欧洲、中亚、东南亚的交通极其便利，中外交往非常活跃。遍布全国的驿站，东南沿海航道的开辟，也促进了地区之间物资与文化的交流。著名的黄道婆把海南的植棉和棉纺技术引进松江，即与便利的海道有关。

元朝通过海陆与亚、非、欧洲各国进行国际贸易往来。当时与中国有海外贸易关系的地区和国家很多，海道贸易方面，据元末汪大渊《岛夷志略》记载，仅菲律宾以南、以西各沿海国家和地区即达九十七个之多，比南宋赵汝适《诸蕃志》所载多了三十八个。当时元朝的货币还流出到中非和中欧的一些国家。元朝宪宗曾派亲王旭烈兀带兵到达叙利亚、埃及等地，后来元世祖忽必烈又派大臣到达马达加斯加、层摇罗国（今坦桑尼亚桑给巴尔），中国的货物、钱币，从此流入非洲。

海上贸易的发展，使中国沿海的码头迅速发展起来。昆山的刘家港有“万国码头”之称，“玉峰山前沧海滨，南风海舶来如云。大艘龙骧驾万斛，小船星列罗秋汶。舵楼挝鼓近沙浦，黄帽歌歌鸣健橹。海口人家把酒迎，争接前年富商贾。”马玉麟这首《海舶行送赵克和任市舶提举》极其生动地描绘了“蕃人泊舟”时码头上欢乐和繁忙的情景。

东南沿海的上海、澉浦、庆元、温州、福州、泉州、广州等都是对外贸易的通商口岸。

为了管理繁荣的国内商业和开展与印度、东南亚的贸易，在中国中部港口形成了强大的商会。这些商会可以与佛兰德尔的行会和佛罗伦萨的技术协会相比，甚至还超过了它

们。杭州或泉州的商店内，贵重货物琳琅满目。中国的商船队载着大捆的生丝、彩色丝织品、缎子、薄绢和金丝锦缎定期在加韦里伯德讷姆、卡亚尔、奎隆和锡兰停泊；返回中国时，运载着印度的胡椒、生姜、肉桂、豆蔻、平纹细布和棉布，以及印度洋的珍珠和德干高原的钻石。杭州城内住着大批阿拉伯移民，以及波斯和基督教的商人们。泉州自唐代开埠，即为中国南方四大对外通商口岸之一。元朝时期，泉州港跃居四大港之首，以“刺桐港”之名驰誉世界，成为与埃及亚历山大港相媲美的“东方第一大港”，呈现“市井十洲人”“涨海声中万国商”的繁荣景象。马可·波罗称之为“世界最大港口之一”。伊本·白图泰说：“由余观之，即谓世界最大之港，亦不虚也。”现代人称誉泉州为中世纪“海上丝绸之路”的起点。现在，泉州还有很多当时外国人的墓地遗迹。

元朝商业的发展与当时的贸易政策和民族特点有直接的关系。《元史》中载统一江南的战争尚未结束，忽必烈便诰谕海外国家“诚能来朝，朕将礼之；其往来互市，各从所欲”。元政府还制定了《至元法则》和《延佑法则》，相对于《元丰市舶条例》来说，前者是全国统一的系统规定，侧重于商船管理、商品管理和征税、中外商人使者管理与限制等方方面面，堪称中国历史上第一部系统性较强的外贸管理法则。蒙古人还在疆域范围内使用纸币（交子）和阿拉伯数字，并使之传播到世界各处。而对货币的广泛使用和数字化管理是商业发展的一个重要条件。从民族特点来看，这与蒙古帝国兴起之初技术落后、没有文化优越感的包袱相关。蒙元时代之前，中国、波斯和阿拉伯国家都是文化和技术发达的地区，尽管彼此之间有商贸往来，但各自文化的传统藩篱也有阻碍新技术和新观念传播的作用，自由贸易、外交豁免权等只在个别区域存在，是蒙古帝国予以推广使之构成了现代世界体系的基础。

元朝时，不仅海上丝绸之路繁忙，在陆路贸易方面，元朝与世界各地的交易同样发达。据裴哥罗梯《通商指南》记载，从金帐（钦察）汗国的塔纳（苏联罗斯托夫南，顿河河口南岸）有商路通到中国。这条路虽然艰难，但对旅行者和商贩来说是有安全保障的。陆路上元朝通过钦察汗国与今克里米亚和欧洲各国建立贸易关系；通过伊利汗国与阿拉伯国家建立贸易关系。

元朝的货币大量流到西北的钦察汗国、伊利汗国。这两个汗国都是成吉思汗的后裔在统治，与我国元朝在经济上、文化上联系十分密切。元世祖至元三十年（1293），元朝派到伊利汗国的丞相孛罗，帮助汗国采用元朝的钞法，发行纸币，通行全国。伊儿汗不赛因时期（1317—1335），大汗不断派使臣到中国来朝贡，有时一年之中达五次之多。元朝与伊利汗国的亲密关系，加强了中国与伊朗、阿拉伯各地的经济联系。

马祖常的《河湟书事二首》其二：“波斯老贾度流沙，夜听驼铃识路赊。采玉河边青石子，收来东国易桑麻。”这首诗记载了元朝与今伊朗地区的贸易关系。在呼和浩特郊区坝口子和武川，曾先后发现有波斯（今伊朗）的银币与金币，这些货币是经过当时“丝绸北路”的“居延大道”通商

贸易而带来的。这条大道西连天山，东经阴山而达科尔沁草原，是一条联系元朝北部边疆的捷径。

元朝与欧洲的陆路贸易也非常发达。14世纪上半叶，塔纳城的商业相继操纵在热纳亚和威尼斯商人手中，许多欧洲商人从这里出发，经过金帐汗国，来到中国进行贸易。月即别汗时期的金帐汗国都城别儿哥萨莱，是沟通中西方经济和文化联系的“国际性”都市。考古工作者在金帐汗国故址发现了许多中国商品，如在萨拉托夫附近乌维克村找到的中国式丝织对襟衫，在别儿哥萨莱发掘出有汉字铭文的铜镜。当时在这些城市里居住着大量从各国来的商人，欧洲商人不用亲自到中国来，就能买到中国的丝织品。

海上千帆竞逐，陆上驼铃叮当，这就是当时元朝时贸易繁忙的景象。所以，元朝就成为西方人梦寐以求的黄金之国。虽然，仅仅经历了百年的辉煌，但它不仅用铁蹄踏翻了国家之间的藩篱，更用贸易沟通了中西。如果说前者是带有野蛮意味的翻土，后者就是播种，它撒下的自由贸易的种子，若干年后终于成长为资本主义的参天大树。

硝烟后的往来

一首凄美婉转的歌谣飘荡在苍茫的大漠上，上天降下神奇的使者，那朵会唱歌的茉莉花，汗血宝马的骑士将它摘下，送给那即将远离的她，人儿就远走天涯……茉莉花收起花蕊不说话，乱红的花瓣在寒意中，泪珠一般飘落下，不久以后，人们告诉姑娘，在她的英雄临死的时候，哽咽着呼唤远方的她……

这些歌词大多数人可能不熟悉，但提到歌剧《图兰朵》恐怕不知道的人就不是很多了。相传这首歌是元朝时的江北民歌，由传教士传入欧洲，后来由意大利歌剧音乐家普契尼将此曲编入歌剧《图兰朵》，才使此曲在中国重见天日。这首歌曲在20世纪60年代曾经由法国著名音乐家翻唱，被世人惊为天乐。

蒙古的几次大规模西征和四大汗国的建立揭开了中国与欧洲交通的新篇章。大批欧俄的部族被裹胁东来；西征也在客观上打通了交通的道路，一大批欧洲人，包括传教士、使臣、商贾和旅行家，抱着各自不同的目的涌向东方。欧洲和元朝的交往变得密切而频繁。欧洲人对蒙古原来很不了解，而拔都的西征引起了欧洲统治者们严重的不安和忧虑，因而他们极力谋求了解蒙古草原的状况，阻止杀掠。1243年，新当选的教皇英诺森四世组织两个使团出访蒙古，使团带着教皇写给蒙古大汗劝谕勿攻基督教民的书信在伏尔加河上觐见拔都。拔都派他们前往蒙古面见可汗贵由。贵由写了勒令西欧的统治者们投降入贡的回信，交使者带给教皇。这是蒙元与欧洲最早的交往。

邱树森先生曾说：“元朝时期，中国与欧洲的关系进入了一个新的发展阶段。欧洲传教士、商人大批东来，中国人也有到达欧洲的。元朝与欧洲的宗教关系很密切，贸易也很兴旺。”

元朝建立后，欧洲的商人和旅行家更是大量涌入中

国，当时，除了有名的马可·波罗，还有与马可·波罗、伊本·白图泰、尼可罗·康提一同被称为中世纪四大旅行家的鄂多立克。鄂多立克也是意大利人，是意大利方济各会托钵僧，他在《鄂多立克东游录》中记录了在中国的见闻。在泉州，他在圣方济各会寺庙中受到接待，他对他的方济各会兄弟们建的大教堂和山间的修道院称赞不已。杭州更使他惊奇。看到这些多种多样的人——汉人、蒙古人、佛教徒、聂思托里安教徒——同居于这个大城市中，使他对蒙古人的管理钦佩不已。“这样多不同种族的人能够平安地相居于唯一权力的管理之下，这一事件在我看来是世间一大奇迹。”鄂多立克在北京待了两三年之久，于1328年左右离开北京，经中亚之路返回欧洲。

礼尚往来是中国的传统，元朝也曾经派使节出使过欧洲。元世祖至元十二年（1275），元朝派景教徒列边骚马带着书信、礼品、钱币，去耶路撒冷朝拜圣地，途中骚马又受伊利汗国国王之托，首先到达君士坦丁堡、那不勒斯、罗马，1286年骚马在那不勒斯登陆。这时正值旧教皇死，新教皇未立。骚马在罗马盘桓几日之后，又去往法兰西，受到国王菲利浦四世的接见。1288年春，骚马返抵罗马。新教皇尼古拉四世热烈地接待了骚马，骚马在胜利完成使命后，循原道返回。

骚马的西行促使教皇尼古拉派遣传教士孟德科维诺前来东方进行联系与宣扬宗教。孟德科维诺携带教皇致阿鲁浑汗、海都汗和忽必烈皇帝的信件，在1294年左右来到大都。孟德科维诺受到了成宗的接待，允许他在大都自由传教。

孟德科维诺曾两次致书罗马教皇，请求派遣教士前来协助传教。教皇于是又派遣了七名副主教前来，但只有格拉德、比列格林与安德烈三人约在1313年抵达中国。

来而不往非礼也，至元二年（1336），元顺帝派遣一个十六人使团，包括法兰克人安德烈在内前往罗马。使团还携带阿兰贵族福定、香山、者燕不花等署名致罗马教皇的信，请求为他们派来总主教，同时也给元朝皇帝派来使者。这个使团受到教皇别内的克特十二世的接待。之后教皇立即筹组了一个包括马利诺里在内的使团并携带一匹骏马东来。使团抵大都，向顺帝献骏马。《元史·顺帝纪》记载："是月，佛郎国贡异马，长一丈一尺三寸，高六尺四寸，身纯黑，后二蹄皆白。"他们描写这些使者"黄须碧眼，服二色窄衣，言语不可通"。当使团离去不久，元末农民起义爆发，元朝覆亡。基督教在中国的传播也随之暂停。

欧洲传教士陆续来华和元朝使臣远使西欧，这在元朝以前的历史上不曾有过。元朝统治时期的对外关系，由亚洲扩展到欧洲。元朝以后，中国历史的发展日益和世界历史的发展，发生了密切的联系。可以说，正是元朝把中国的影响力真正扩展到了世界。

忽必烈东征日本屡战屡败的实际原因

忽必烈雄心勃勃，南征北战，想将全世界都踩于脚下。1274年，忽必烈率兵想要征服日本，但因在海上遇到了强台风，无功而返。回到中国后，不甘心失败的忽必烈于1281年，第二次东征日本，没想到这次依然遭遇台风，无法登陆，忽必烈只得再次返回。如此，日本逃过一劫。

后来，日本民间流传开来这样一个故事，说在元朝时期，蒙古入侵者的船只是在“神风”的阻挠下，才没有进入日本。所以日本对神风顶礼膜拜，数百年间，他们一直认为是“神风”救了他们。

但是在英国《新科学家》周刊的一篇考古文章中，科学家们却提出，当日阻拦忽必烈的并非什么“神风”，而是元朝拙劣的造船工艺和设计，令元朝船队在海上行驶时，葬身大海。

忽必烈第一次东征日本时，他命风州经略使忻都、高丽军民总管洪茶立，以900艘战船，1.5万名士兵，远征日本。一开始，元军势如破竹，很快占领了对马、壹岐两岛，继而侵入肥前松浦郡。日军节节败退，眼看就要守不住阵地了，但是当日军退到大宰府附近时，元军却在一次夜间的暴风雨中，被海浪打翻两百余只军舰。

按理说军舰用的应当是最坚固的材料，暴风雨应当不会对其造成什么影响。但当台风来临，暴雨倾盆的时候，元军将舰队停泊在博多湾口，船只却在风雨中飘摇撞击，无法保持平衡，而相互撞击的力度，使得许多船只破损，进而沉没。

那次之后，元军死亡兵卒达1.35万人。兵力大损的元军不得不退回本土，日本这才逃过一劫。日本将那次战役称为“文水之役”。第二次东征，依然是相同的原因，导致元军在最后关头功亏一篑。

看似是上天帮助日本，但从后来对打捞上来的蒙古战舰的残骸研究中可以发现，这些战舰做工粗糙，质量十分低劣。很多战舰上的铆钉过于密集，这就说明这些材料是反复利用过的，需要加固才不至于碎裂。

根据史料记载，这些战舰大部分都是忽必烈命令高丽王朝建造的。高丽王朝并不热衷修建战舰，他们认为修建战舰会增重他们的兵役，因此建造军舰时，并不认真，很多情况下都是敷衍了事，质量自然不能保证。

军舰做工粗糙，本来就无法抵御海浪的冲击，再加上台风来袭，暴风雨加剧，更让这些本就脆弱的船只无法进行战斗。忽必烈估计一定没有想到，他的雄心壮志最后竟然是破灭在“豆腐渣工程”上。

第六章 铁蹄下的民族大融合

韩儒林先生曾说："当中原的皇帝宝座上坐着一个少数民族皇帝时，有些人就不加调查研究，一口咬定这是黑暗时代。这是不科学的。元朝的统一，结束了五百多年的民族纷争和血战，使得全国各族人民有可能在比较安定的环境中从事生产，发展物质文明和精神文明，这无论如何都是历史的进步。"当时的中国，从各族间相互倾轧厮杀变成了一个民族大熔炉。

元代是中原地区民族融合的又一重要时期，这一时期契丹、女真、党项、蒙古、畏兀儿、犹太、回族等少数民族大规模进入中原。到了元代后期，契丹之名便逐渐消失了，而内迁的女真人与汉人杂错而居，互为通婚，改用汉姓，提倡儒学，经济上互通有无，使得女真人更加汉化。到了元末，这些女真人已完全融入汉族。蒙古人、色目人进入中原主要是通过戍守、经商、居官致仕后入居等途径，蒙古族、维吾尔族、回族如今还作为单一的民族存在，西夏遗民则早已成为汉族的一部分了。

这种汉族与汉族之间、少数民族之间、少数民族与汉族之间多源多流、源流交错的复杂关系，构成了中国历史上各民族间一种源远流长的血缘相亲，形成了你中有我、我中有你，相互同化和融合的民族关系格局。

广阔天地下的蒙古民族

今天的苗族服饰以其美丽的造型、绚丽的色彩成为世人眼中一道亮丽的风景。可是你知道吗？苗族服饰的发展是吸取了许多别的民族的服饰元素而逐步形成的。其中就有苗、蒙服饰融合的现象。从正面看，苗族的服饰似蒙古服饰，从背面看，却是苗族的衣裳式花带百褶裙。这是怎么回事呢？原来，蒙古王朝统一中国后，加强了对云贵高原的统治，在云贵高原不仅建立了不少民族的土司制度，还派兵驻守。不仅如此，朝廷还在遵义建播州府，在安顺、普定等滇黔交通要塞，及云南的叙永县（今属四川）一带驻军；至今，云南仍有蒙古族后裔，便是当时驻军的后代。蒙古族后裔定居云南后，服饰也受当地影响而有了变化。在蒙古族统治地区的苗族支系服饰，受蒙古民族服饰的影响也很大，从首饰包头布及其首饰缀吊穗都有改变，其上衣采用蒙古服，挖领裁剪成右大襟，盘肩一周绣花或镶花边，下身不是蒙古长袍，而是类似长袍的大围腰蔽膝，大围腰上有如意图案，正面看去，似蒙古长袍，但转过身去从背后看，仍然是上衣下裳，在花带掩盖下，是苗族固有的蜡染百褶裙。从首饰看，蒙古族在草原上生存，由于风大，会用长布帕包裹头发避风；苗

族长期在山区生存，也同样因山里风大，便吸收了蒙古族用长布帕包裹头发的首饰特点。

正是因为这些蒙古人的出现，大大丰富了后来苗族的衣饰，这就是民族融合的结果。还有这样一个例子，说的是木华黎的第九世孙纳哈出官至太尉，恰值元亡降明，后在洪武二十年（1387）封为海西侯。纳哈出的长子察罕，袭封，因蓝玉事件牵连被诛除；次子佛家奴恐被株连，逃离福州，以纳哈出名字的尾字为姓，隐居在惠安九都（今泉港后龙上西村）。出氏后人直至第十二世孙出科联在乾隆年间考中进士官至翰林院检讨时，皇帝认为这个姓很奇怪，出科联才告知皇帝自己乃元将太尉纳哈出后裔，乾隆称誉“好个奇姓”。

这种民族融合无处不在，正如韩儒林先生所说：“很明显，元朝的统一在中国各民族的历史上都留下了深刻的影响。从民族融合的观点看来，此种影响无疑有着十分积极的意义。”

以元代的蒙古族为例，我们可以从中看出民族融合的一些端倪。元朝统一全国后，蒙古族主要分布在岭北地区、中原及南方地区、西北地区。

岭北地区是蒙古族的大本营，是蒙古国的统治中心，也是蒙古族最集中的居住地。蒙古统治者历来十分重视岭北地区的农牧业和手工业生产。早在成吉思汗时，蒙古政府就命镇海领所俘汉民万人辟地屯田，并因此修筑了镇海城（今蒙古国科布多东）。以后各朝又将从中原所俘汉民迁到克鲁伦河上游、和林附近从事屯耕。

元朝建立后，忽必烈继续在岭北地区进行大规模屯田。

1272年至1293年的二十二年间，忽必烈曾十多次调动大批汉军、南宋降服军、南人及蒙古军民，给予耕牛农具、种子衣裘、钞币等物，让他们于克鲁伦河、吉利吉思、谦谦州（今叶尼塞河上游一带）、上都等地开辟农田，从事屯种。这些屯田在各族军民的辛勤劳动下，成绩很好。武宗至大年间，重新恢复称海屯田，每年得米二十余万斛。以后元代的历任统治者对蒙古地区的农业生产都采取了积极扶植的态度。

蒙古地区历史上一直是游牧地区，游牧经济由于其产品的单一和自然条件的限制，常常不能自给。有了农业之后，有力地保证和促进了畜牧业生产的发展。

与此同时，蒙古地区的手工业也有了发展，除了制革、制皮毛、炼乳、制毡、制弓箭等手工业，这时也发展起制陶、冶铁、建筑等行业，出现了和林、上都、集宁等城市。在和林有许多汉族工匠，他们从事建筑、制陶等手工业。上都也是一座规模很大的城市，有雄伟的宫殿、衙署、寺院，居住着蒙、汉等各族人民，商业很发达。

另一方面，入居内地的蒙古人主要是蒙古的上层贵族、各级官吏和军士。普通的蒙古族士兵大都作为蒙古军、探马赤军驻守在全国各地，他们属于军户，世代为士兵，战时打仗，平时大部分务农或是从事军工生产。普通蒙古平民也有一些生活在内地的，还有的因破产沦为驱口。这些蒙古人和中原的其他民族也在不断的融合中发展着。

邱树森先生说："这些进入中原的蒙古族人数远不能和广大的汉族人民相比，为了统治的需要，也为了生存和日常生活的需要，许多蒙古人努力学习和掌握汉文化。最高统治

集团中，向真金太子、仁宗、英宗、文宗、顺帝，大臣中如拜住、脱脱等，都有较高的汉文化素养。蒙古官宦之家及普通平民中，也出现了不少用汉文从事理学、文学、史学、书画创作的儒生。

“例如，木华黎第七世孙朵儿直班就曾悉心钻研经术，熟读程朱理学，为顺帝讲学时，采集先儒名言，著《学本》《君道》《臣职》《国政》四卷，顺帝赐名《治原通训》。朵儿直班还是一位诗人，尤其精于五言。

“蒙古上层贵族多信奉喇嘛教。忽必烈尊吐蕃僧人八思巴为国师，命他用藏文字母创造蒙古新字（八思巴字）。喇嘛教在元廷中尤其盛行，每年用于佛事的费用不计其数。

“元朝灭亡后，大批居住在中原内地的蒙古人没有返回漠北，一直与汉族和其他各民族友好相处。至今，云南、河南、湖北、江苏、河北等地的许多蒙古族人就是元代蒙古人的后裔。

“此外，蒙古向外扩张后，西北的畏吾儿、哈剌鲁、西辽最早臣服，以后蒙古又多次发动西征，在西北和域外建立了窝阔台汗国、察合台汗国、钦察汗国和伊利汗国，因此，蒙古人移居西北和域外的数量很大。久而久之，元代西迁的蒙古人中，除了一部分仍然保持自己的民族特点，相当一部分已与其他民族融洽在一起，组成了新的民族共同体，于是，西北地区和域外在民族格局上发生了巨大的变化。”

忽必烈的孙子阿难答被交给伊斯兰教徒抚养，他从小背诵《古兰经》，学会了阿拉伯文，成为虔诚的穆斯林。1280年阿难答袭封为安西王，封地在今甘肃、宁夏、青海一带，拥有蒙古军队15万人。他命令自己封地内的蒙古族儿童全都接受割礼，并让15万大军中的大部分人皈依了伊斯兰教。元成宗死后，阿难答参与夺位，失败后被赐死，他封地内的蒙古军队后来逐渐融合到了回族、东乡族、保安族中。

因后来海都兵败死去，窝阔台汗国逐步瓦解，一部分归元朝，一部分归察合台汗国，其民众也大批迁往漠北。

察合台的封地在窝阔台封地之南，海都叛乱后，察合台的后代瓜分了窝阔台汗国的领地，势力扩大到东起吐鲁番，西到阿姆河。后来，察合台汗国逐渐伊斯兰化，并分裂成东西两部分。西察合台汗国后来演变成帖木儿帝国。东察合台汗国于1418年迁都亦力把里，明朝称其为“别失八里国”和“亦力把里国”，其境内蒙古人大都与当地居民融合。居住在哈密地方的伊斯兰化蒙古人，称“哈剌灰”，后来成了回族的一部分。汗国西部的蒙古人，多与哈萨克、柯尔克孜等民族融合。

另外，钦察汗国、伊利汗国的蒙古人也逐渐与当地居民融合，包括哈萨克、乌兹别克等族。塔塔尔族则是蒙古共同体中自称为“鞑靼”的突厥人种克烈、乃蛮人的后裔。

随着蒙古的崛起和向外扩张，蒙古族人进入中国的各个行省和各地区，而且随着蒙古铁蹄深入欧亚，蒙古人也随之进入异国他乡，在不断的交流和共同的生活中，完成了新一轮的民族大融合。

一个新的民族登上历史舞台

13世纪初叶，由于蒙古人的西征被迁发或自愿东迁的信仰伊斯兰教的波斯人、阿拉伯人、中亚和西亚各族人民以及部分回鹘人，在长期的历史过程中，又不断融合进汉、畏兀儿、蒙古等族，逐渐形成了一个新民族——回族。这一民族融入汉族的血统最多。

韩儒林先生曾说："唐朝以来涌入中原的沙陀、吐谷浑、党项、契丹、女真，以及其他多种色目人，元朝以后都不见了，都与汉人、南人逐渐融合为一体了；从中亚、西亚来到我国内地的许多民族，由于共同信奉伊斯兰教，逐渐形成回族。只有极少一部分，如阿速人等，跟随元朝末代皇帝逃到漠北，才又返回到游牧的生活中去。"

其实，《资治通鉴·唐纪四十八》贞元三年（787）早就记载："李泌知胡客留长安久者或四十余年，皆有妻子，买田宅，举质取利，安居不欲归。命检括胡客有田宅者停其给。凡得四千人，将停其给。胡客皆诣政府诉之。泌曰：'岂有外国朝贡使者，留京师数十年不听归乎？今当假道于回纥，或自海道各遣归国。有不愿归，当于鸿胪自陈，授以职位，给俸禄，为唐臣。'于是胡客无一人愿归者。"可见早在唐代，回族人的先民就已入籍中国，成为中华民族大家庭的一员。

蒙古帝国建立以前，一批批回族商人就已进入蒙古高原，用中亚纺织品、粮食换取蒙古人手中的貂皮等珍贵土产，有的回族人还效力于蒙古各部，成为拥有“答刺罕”称号的开国功臣。南宋末年，蒙古汗国兴起，成吉思汗及其后代进行了三次西征，先后征服了中亚和西亚的广大地区，包括葱岭以西、黑海以东和以南信仰伊斯兰教的各个国家和民族。西征中，每攻克一城一地蒙古人都要俘掠工匠和妇孺，并签发征调青壮年充军。这样，随着每次战争的胜利，一批批中亚、西亚各地各部落和各王国的工匠、平民、军士以及一些降将、贵族和学者等，都被迫签发或安置到中国从事各种工作。这些被迫东迁的回回人，人数多达几十万甚至二三百万。在蒙宋战争中，许多回族人，如适宜、赛典赤·瞻思丁、阿合马等政治家、理财家被重用。由于当时大批回族人进入中原，在1252年括户时，正式立“回回户”，按照《中国回族大词典》的观点，这“标志着回回先民的‘藩客’地位发生了根本性转变，即由‘客’变‘户’，正式成为中华民族大家庭的一员”。到1263年时，仅中都路（今北京）的回族户就达2953户，并且多为富商大贾之家。

同时，由于蒙古人的西征，使中西交通大开，而且元政府又在西域开辟了官道，设驿站，置守备，减少了行旅的困难和危险。从此，西亚、中亚和东南亚的穆斯林商人就利用东西水、陆交通的方便，沿着陆上丝绸之路和水海上丝绸之路大量进入中国。这些穆斯林以驻军屯牧或以工匠、商人、官吏、学者、掌教等不同社会身份，散布在黄河上下，长城内外以及大江南北各地。《明史·西域传》曾记载“元时回回遍天下”，由此可见当时的盛况。

元代的回族人中，除了穆斯林，还有个别非伊斯兰教徒，最后他们相互融合形成了回族。除此，瓦剌部中信仰伊斯兰教的蒙古人，其中也有归附中原后而逐渐变为回族人的。在陕西省西安市蓝田县发现的一本“黑”姓回族家谱就表明，蓝田黑姓祖先为蒙古人，后来归信伊斯兰教而融入回族。清末陕西回民大起义爆发，黑姓回族的一支随白彦虎进入中亚，现在是独联体某国的回族，而未出走的黑姓回族迫于周围压力，被迫反教，今天已成为汉族的一部分了。此外，北宋来中国经商侨居开封的犹太人，因其习俗与伊斯兰教有相似之处，又以青布缠头，而被称为“青帽回回”或“蓝帽回回”（元代还把犹太人称为“术忽回回”和“术速蛮回回”）。蒙古西征时，征服了说波斯语的部落阿速人，其后多从军进入中原，组成阿速军，被称为是“绿睛回回”。这些回族人显然不是穆斯林，但在历史的长河中，有一部分也融入了今天的回族当中，尤其是当时的犹太人，后来成为穆斯林的更多。在回族的族源上，还有“啰哩回回”，这是元代对吉卜赛人的称呼，元代的“啰哩回回”大多来自波斯，大多数信仰伊斯兰教，直到明代还将其称为“回国别种”，这些啰哩人后来也融入了回族。另有宋元时寓居在占城（今越南中南部）的穆斯林即“占城回回”，后来也迁居中国。而“昆仑回回”则是对今中印半岛南部和南洋诸岛上属于马来人种的穆斯林的称呼，其中也有一些因迁居中国后融入海南回族中。

由于回族人与其他色目人最先归附蒙古，又屡立战功，并且极善理财，因而受到元廷的优待和重用。政治上的特权，经济上的优待，已十分明显，回族上层人物已成为蒙元统治阶级中重要的组成部分，在仕官、科举、刑罚和私有兵马等方面，可以得到比汉人好一些的待遇。据文献记载，回族人在政府中担任各种职位的官吏不少，其中任职中书省左、右丞相，平章政事及参知政事等重要职务者多达三百二十人；在十个行中书省任丞相、平章、参政等重要职务者多达六十五人。至于在中央各部门和地方路、府、州、县各级政府机构中任达鲁花赤等官职者就更多了，当时出现了一批著名的回族政治家。例如，赛典赤·瞻思丁就是一位回族杰出的政治家。

尽管元代回族人的社会地位很高，但对广大普普通通的回族人而言，却处于无权无势的地位，甚至沦为驱口（即奴婢），供人买卖，尤其到了元朝后期，回族内部的阶级分化日益明显。一方面，回族上层人物，特别是各级官员，对元廷始终忠贞不贰，他们对抗农民起义军和明朝，在战乱中“死节”者人数颇多，不少回族人为挽回元朝的江山而不惜牺牲生命。另一方面，也有大量的回族人为推翻元朝而成为明代开国元勋和将士。在元明两代更替之际，全国许多地区，尤其是割据势力方国珍、陈友定控制的地盘，大汉族主义复仇思想浓烈，在打击报复蒙古人的同时，排挤、打击、屠杀色目人（回族人）的事件也屡有发生。泉州发生亦思巴奚战乱后，陈友定乘机大肆杀戮色目人，迫使大批泉州回回逃离或更姓埋名。到明代初年，许多回族的家族踪迹已不可考，回族人因战死、隐姓埋名、避难等致使人口锐减，泉州及东南沿海一些地方的回族人从此音信皆无也始于此。

在元代，回族人通过官职调迁、军队驻防、屯田、官营手工业局场、商业活动、宗教活动等，散居于全国各地，与广大汉人杂居同处，他们把带来的科技知识、宗教民俗等传入中国，在保持宗教信仰和风俗习惯的基础上，吸收各地的中国文化并加以发展，因而大大丰富并发展了中华文明，对中国文化产生了不小的影响。在元代，回族人家族中不少人从第二、三代起，渐渐接受本地文化，涌现出了一批杰出的诗人、史学家、思想家、翻译家、书画家，其成就令当时各界感到惊奇。作为著名画家、诗人的高克恭，擅长画山水、黑竹，与赵孟齐名，其画和诗至今有存。在元代重开科举后，许多回族人中举入仕，其人数在蒙古色目人右榜中占有很大比例，在政治、军事、经济和科技各方面，回族人均有突出表现。来自阿拉伯、波斯和突厥各族的穆斯林，种族和语言各异，因此以阿拉伯文字为基础而创制的新波斯文回族字即成为当时回族人中通行的文字，也是当时国内通行的三种官方文字之一，回族国子监则讲授回族字和“亦思替非文字”（波斯文）。语言文字的统一，有助于回族世俗文化，诸如文字语言学、文学、史学、哲学、阴阳学、医药学、天文历算、地理学、工程技术等的形成和发展。元代是回族人壮大自己的时代，也是回族民族共同体主体形成的时代。元中期以后，回族人或受汉文化影响，在日常生活中使用汉语已不可避免。随着回族人遍及各地，各回族聚居区的清真寺也不断建立，执掌教法的人称“哈的”，可以依照伊斯兰教法处理穆斯林中的婚姻、财产纠纷，判断他们之间的是非曲直。

有元一代，回族人已遍及全国城乡，在新的历史条件下，从元代进入中原的回族人就这样逐渐形成了一个新的民族。

“帝师”八思巴与吐蕃

1247年，萨班携他的侄子八思巴、恰纳朵儿只到达凉州（今甘肃武威）会见阔端，议定了西藏归附条款，并由萨班发表致西藏各地僧俗领袖的分开信，即著名的《萨迦班智达致蕃人书》。这封信的发表，标志着吐蕃归顺蒙古已经付诸实施。

1260年，忽必烈抢在阿里不哥前宣布继承大汗，出于政治上的考虑，他封八思巴为“帝师”，赐玉印。1264年，忽必烈设立了专门管理全国佛教事务和西藏地方军政事务的机构——总制院，也就是宣政院的前身，命刚刚29岁的八思巴掌管，到后来，由帝师管理宣政院也就成了一种习惯。有宗教势力的帮助，元政府对吐蕃的工作就容易展开了。不久，元政府就开始在西藏设立起地方行政机构和驿站，并根据吐蕃的物产分布情况，重新划分了行政区域。元政府还对吐蕃地区进行了人口普查，在前藏和后藏分别设立了十三个万户，各万户兼管军事民政，皆由八思巴领导。这样一来，八思巴既是西藏的宗教领袖，同时也是行政首脑，一个“政教合一”的新政体在西藏出现了。韩儒林先生对此曾评论说：“元朝在吐蕃设立了十三个万户府，西藏从此成了祖国不可分割的一部分。”

帝师其实是元代皇帝授予藏教僧人的最高神职。元代的第一位帝师八思巴，可以说在中央与吐蕃的关系中，起到了重要作用。

八思巴生于1235年，是藏教萨迦派高僧萨班的弟子，同时也是他的侄子。“八思巴”在藏语中的意思是“圣童”，是藏民给他的美称，因为八思巴在7岁的时候就能熟读佛经，知道经文的大意。1247年，萨班到凉州与阔端商议吐蕃归附蒙古的事项，年仅12岁的八思巴也一同随行。萨班走后，八思巴作为人质留在了凉州。这样，他童年的大多数时间就大多是在蒙古人的宫廷中生活，所以八思巴受蒙古文化的影响很大。萨班去世后，15岁的八思巴作为萨班的继承人，到六盘山拜见了忽必烈。忽必烈一见到他就非常喜爱，把他留在了身边。

西藏地方社会矛盾突出时常出现紧张局面，忽必烈改“元”之后，就对吐蕃地区加强了管辖。在元朝，对吐蕃地区的管理，采取了设立宣政院，宗王分师与帝师的统领，完善地方机构和设立驿站，统计户籍等措施。由于吐蕃地区封建制的确立与藏教的形成相辅而行，在经济上也出现了两者同步发展的局面，因此元朝在吐蕃地区的管理也多采用政教合一的方式。其中最重要的一点就是用具有政教合一身份的帝师对吐蕃地区进行管理。

政教合一的政体对吐蕃地区经济的发展起到了积极作用。元政府赐给帝师庄园土地，使帝师成为吐蕃地方的大封建主。这些按照圣旨赐给八思巴的土地，不负担府库及驿站等汉地、吐蕃的任何税赋差役。而由于帝师的特殊身份，八思巴领导下的乌思藏宣慰使司及下辖的诸万户、千户，吐蕃等处的各路宣慰使司、都元帅府及安抚司、招讨司、元帅府等长、使，也因拥有一定数量的庄园而成为大小不等的农奴主。这就使吐蕃的经济形式具有了封建性质，促进了当地的经济发展。

对此，邱树森先生在《元朝史话》中说："西藏地方由元朝中央政府统一管辖后开始有了比较安定的环境，这对于西藏的社会经济的发展是有利的。当时西藏与内地有驿站相通，物资交流很频繁，元政府在碉们、黎州二地设置榷场，便利了汉藏人民进行茶、马、绢、帛的交换。

"在元朝多民族统治的庞大帝国中，吐蕃在农牧业稳定发展的基础上，手工业与商业也有了一定的发展。吐蕃的手工业多以家庭为生产加工单位。牦牛制作的帐篷以及羊毛织成的各种织物，种类繁多，质量精美，'毛布''花毯子''藏地哔叽''氆氇'等，都广受人们喜爱。乌思藏的细氆氇尤为驰名，是上贡的佳品。至于金、银、象牙、珍珠、银珠的加工品，和吐蕃当地的特产藏红花、木香、牛黄、虎、豹、水獭皮张、麝香等，既是贡品，也有一部分进入市场成了贸易商品。"

因元政府的扶持，吐蕃文化在这一时期也有了相当大的发展。这种发展不是单方面的，而是相互促进的。其中以萨班与八思巴叔侄贡献最大。萨班与阔端商定吐蕃归附蒙古的条件后，留在了凉州，从事佛教工作。他发现当时蒙古人使用的畏兀儿蒙文有不完备的地方，无法标注、翻译一些梵文、藏文。为了传播、翻译经文的需要，萨班便对畏兀儿蒙

文加以完备，在畏兀儿字母的基础上增加了藏文表音字母，形成了一套新的字母。这套字母的出现对后来八思巴创造蒙古新字无疑有很大的影响。成吉思汗所创造的蒙古文字存在许多不完善的地方，这一点忽必烈也意识到了。他于1260年宣布登上蒙古汗位后，就命八思巴开始制定蒙古新字。八思巴同萨班一样，也是借用藏文字母，创制了四十一个蒙古字母以拼写蒙语，这一新的拼音文字在1269年正式公布使用。元朝统治时期，官方文书一律用八思巴创制的蒙古新字译写。今天我们从保留下来的元代碑刻上，还能看到这种文字。

1280年，八思巴去世。之后藏教首领成为“帝师”，受朝廷的委托，执行朝廷命令，管理西藏政事，就成为一项没有明文的规定。

吐蕃文化在元朝也显现出了前所未有的繁荣。藏族长篇史诗《格萨尔王传》就大约形成于元代，这是中国文学史及世界文学史上罕见的史诗巨作，共有一百五十多万行，二千多万字，歌颂了藏族英雄格萨尔王的伟大业绩。

另外，藏族史学作品也是在这一时期得到了发展。元代藏族学者读史、撰史之风兴起。十五卷本的《萨斯迦全集》是萨斯迦五祖的全集，其中包含重要的原始资料。现存最古老的藏文史籍之一的《红史》，于1346年至1363年由公哥朵儿只写成，对后代藏史的创作产生了重要影响。同时很多中原史书也被翻译成藏文，如汉族译师胡将祖把《唐书吐蕃传》和《资治通鉴·唐记》译成藏文，并由喇嘛亦邻真乞刺思刊行。史书的编译整理，为后代留下了宝贵的文化遗产。

吐蕃地区佛教的发展，也推动了寺院建筑业的发展。各种建筑、绘画、雕塑艺术等都在原有的基础上得到了提高，对各种艺术风格也进行了更好的吸取利用。

滇国气象

在昆明城东民航路五里多小学门口的体育场内，有一座方形高2.4米、宽约1.3米的墓，顶为青石雕成的石瓦，墓体四面镶碑石。碑石正面刻汉文“元咸阳王瞻思丁墓”8字，分4行，直书；背面为蒙文碑刻；左右两侧，一边刻有《元史·赛典赤·瞻思丁传》，另一边刻有袁嘉谷撰写的《重修咸阳王陵记》。围墙外，即宽阔的公路。这座陵墓，是为纪念元代初年云南最高行政长官赛典赤·瞻思丁而修的纪念冢。

赛典赤·瞻思丁，西北回族人，曾随忽必烈立下赫赫战功，很受器重。到云南任平章政事前，忽必烈召见他时说：“我曾亲率大军以革囊渡过金沙江征服大理，过去委任治理的人都不适宜，致使那里久不安定。你是个谨慎宽厚、文武兼济的人，安抚治理那边远之地，没有比你更妥当的了。”赛典赤本没有到过云南，受命后，他开始遍访熟悉云南情况的人，获得了丰富的人文地理资料，然后精心绘制了一张图表呈送忽必烈，并奏明了安抚治理的设想。忽必烈大喜过望，为赛典赤举行盛宴壮行。

当时云南的一把手是皇室宗亲脱忽鲁宗王，他认为赛典赤到云南必定会威胁到自己手中的大权，便严兵以待防备不测。但是，赛典赤不以钦命恃强轻慢，而是先派他的长子以

礼参见脱忽鲁，并对他说："我父王到云南是与宗王共议安抚治理良策，绝非替代宗王行事。父王还请宗王推举手下两亲信臣子，委任'行政断事官'要职。"脱忽鲁感到自己受到尊重又没有失权之忧，便决心鼎力协助，于是下令"政令一切听赛典赤所为"。

就这样，赛典赤·瞻思丁得到了当地首脑的认可，可以放手治理大理。对此，韩儒林先生评价说："云南在这个时候得到了进一步的开发。这在前代都是稀有的事情。"

当然，这种开发有赖于赛典赤的治理。赛典赤治理大理时，首先做的是改革原军事统治的政权建制，开始设置路、府、州、县，并相应设总管、知府、知州、知县行政官职。在少数民族地区注意委任当地民族官员，安抚山官土司，化解民族矛盾，把武力征服、屠杀镇压视为下策，不到万不得已不用武力。

有一年，罗架甸（今元江）发生叛乱，赛典赤率兵征讨，但不以武攻，而是晓之以理。数日叛酋不降，赛典赤手下一股士卒按捺不住擅自攻打，他急令停止，并怒斥说："我奉命安抚，不是奉命杀戮！"又讲了三国时诸葛亮平定南中七擒七纵孟获的故事。反叛酋长知情后深为感动，于是心服而降。

还有一次，几个被罢免官职的当地酋长，因为心中怨恨，结伙到京城控告赛典赤专擅权柄，任免不公。对赛典赤了解颇深的忽必烈当然不相信他们的话，于是派人将他们押回大理交给赛典赤治罪。让这几个人没有想到的是，赛典赤不但不加问罪，反而宽柔为怀，对他们晓以大义以后，量各人所长又分别委任官职，几个人惊喜之下，感激而又诚服，遂“叩头谢恩，誓死以报”。就这样，赛典赤的安抚政策产生了很大影响，使云南政治形势日趋稳定。

政治形势稳定了，赛典赤便腾出手来全力发展农业生产。他身着当地百姓的衣服，亲自带领“巡行劝农使”张立道深入民间，征询老农对利国便民的意见和要求。他说：“我想把土地分到各家各户耕种，种子、农具、耕牛借给你们，估计一亩地能打多少粮食？”众人回答说如果这样可以一半入官仓。他想了想说：“太重了，牛死了要再买，农具损坏了要再买，种子也要更换，一季收成仅余其半，一家衣食将不堪维持。”老农们又说可以三成入官仓。他仔细盘算一阵，认为还是不行，说：“你等农家克勤克俭可上三成，但恐难以积蓄防备灾荒，再如婚丧嫁娶、养育子孙。在我之后为官的难说又增加其数，还是苦了下面百姓。”赛典赤最后决定每亩田上官粮二斗，并可用银钱、牛马折算缴纳。赋税大大减轻，人民安居乐业。赛典赤又把因战争出现的大片无主荒田清理出来或由军队屯耕，或分给百姓耕种，既扩大了财政收入，又增加了百姓耕地面积。农业经济很快得到发展。

赛典赤到云南不到三年已是政绩显著，法令畅通。此后，赛典赤报朝廷批准，将云南行省治所由大理迁到鄯阐（今昆明），自此，昆明开始成为云南政治、经济、文化中心。

云南行省治所迁到昆明后，赛典赤特别重视滇池水系的治理和建设。当时，滇池水域比现在宽阔得多，梁家河一带、云津市场以南、官渡以西都属于滇池水域。雨季水位上涨，昆明城中常常水患成灾。赛典赤和张立道一起从盘龙江源头走到滇池周围进行了实地考察，制订了治理滇池水系的

工程规划，分上、中、下三段布置实施。上段是选择了鸣凤山与莲峰山之间最狭窄处修筑大坝形成水库，积蓄崇明白邑的青龙潭、黑龙潭两股水源和雨季降水，名为松华坝。坝上设水闸，旱时启闸济灌万顷良田，涝时封闸减缓下游水患。中段是开挖金汁河、银汁河、宝象河、马料河、海源河等分流盘龙江水，河道沟渠形成网络，既减轻水患又便利农灌。河堤上遍植树木，既稳固堤埂又美化景观。现在一些河堤上还存活着当年种植的柏树，那已是七百余年的元朝古柏。下段是开凿滇池出水口（含海口），建石龙坝，降低并控制滇池水位。滇池水与螳螂川沟通，经普度河汇入金沙江。这样，滇池水位大大降低，既减少了水患又得良田万顷。三段水利工程完成后，基本治住了水灾，也为后来的水利工程奠定了基础。

云南由于地处边陲，交通又不便，文化教育与内地比相当落后。赛典赤除了鼓励农业、兴修水利、繁荣商贸，还致力于文化教育，在城中拨地五顷建盖孔庙为学堂，推行教化。经过五年多的治理，云南社会稳定、经济发展、百姓安居乐业。

现代的历史学人曾这样评价赛典赤在云南的功绩：“赛典赤在云南期间，对云南的发展做出了巨大贡献，且不说螳螂川的疏通与松华坝水库的修建，就是云南儒学的兴办，也是从元代赛典赤时期开始的。1274年，赛典赤在昆明城中五华山建立了云南第一座文庙，至今犹存。（当时）每期招收一百五十名学生。此后，大理、建水、安宁、嵩明、邓川、保山、丽江、鹤庆等地先后建立了孔庙。云南省的第一部地方志书《云南志略》也是在这一时期出现的。”

1279年，赛典赤操劳成疾，在昆明去世，百姓无不悲痛，“王葬之日，百姓巷哭”。后来元朝皇帝封他为咸阳王。墓葬在昆明北郊马耳山，现五里多小学里还有一座衣冠冢。元朝时，这一带是梁王的别墅，后人为了便于瞻拜凭吊，就选在此处建庙立冢。

赛典赤死后十八年，他的三儿子忽辛到昆明任云南行省右丞。忽辛在兴办教育上政绩更加显著，他曾命州、府各邑广建孔庙做学堂，选任文学之士为师教育后生，使云南“文风大兴”。

名副其实的维吾尔族清官

维吾尔族的祖先在古代就是我们伟大祖国的重要成员，他们对于中华民族的形成，祖国统一，都曾起过积极的作用，做出了应有的贡献。历代的清官良吏，出身于这个民族的非常多，元代的廉希宪就是其中的代表。

一次，忽必烈下诏大赦京城囚徒，一个名叫匿赞马丁的西域商人因为很富有被关押在狱中，因这次大赦被释放，廉希宪因为告假，不在京城，不知道这件事。匿赞马丁的仇家上告到忽必烈那里，廉希宪认为有大赦的诏书，匿赞马丁可以被释放，忽必烈很不满意，认为不该释放，廉希宪说没有诏书说匿赞马丁不可以被释放。忽必烈十分生气就对廉希宪说：“你们号称读书人，就不能理解上面文字中的意思？办事这么没有水平，你说该怎么办？”廉希宪想了想回答说：“我既然是宰相，办事不合你的意，就该罢退。”于是忽必

烈就罢免了廉希宪。

廉希宪罢官在家，只是读书。忽必烈很快就后悔自己罢免了廉希宪，非常希望他出来接着做事，可是又没有借口，就问侍臣廉希宪在家做什么，身边的人说廉希宪每天只是读书。忽必烈说："读书不出来做事，多读书有什么用处？"一向忌恨廉希宪的阿合马害怕廉希宪东山再起，于己不利，就趁机说廉希宪整天在家和家人喝酒作乐。忽必烈听后生气地说："廉希宪清贫一生，哪会喝酒作乐？"不久，忽必烈就起用廉希宪任北京行省长官，镇抚辽东。后来，廉希宪到新平定的长江重镇江陵去做行省长官，临行前辞谢了忽必烈所赐财物，冒着酷暑直奔江陵，到达后就立即下令禁止抢劫百姓，开始兴利除弊。他又安抚商人使商人照常营业，使军民相安以处，官吏各司其职，然后登记原来的南宋官员，量才授予官职，从没有一点猜疑之心。他为了安抚地方，专门下令："凡是杀害俘虏者一律按杀害平民治罪；俘虏如果患病被遗弃，允许人们收养，病愈后原来的主人不能索要；开掘城外御敌之水，灌溉得到良田数万亩，分给贫民耕种；发放粮食，救济饥民。"

地方秩序刚刚稳定，廉希宪又大力兴办学校，他还亲自讲课，训导激励学生学以报国。这使当地很快勃勃生机，远在西南地区的少数民族首领和重庆等地的宋将都闻风来降。皇帝得到消息后，感慨地对侍臣说："先朝用兵不能得地，现在廉希宪不用一兵却让几千里外的人奉送土地，廉孟子不虚其名啊！"

宋濂曾在《元史》中对廉希宪做出如下评论：希宪在

中书，振举纲维，综劾名实，汰逐冗滥，裁抑侥幸，兴利除害，事无不便，当时翕然称治，典章文物，粲然可考。”

廉希宪任平章政事的时候，正遇上拥有权势的大奸臣阿合马总揽国家的财务大权。阿合马这个人专靠阿谀奉承，取得了皇上信任。他贪赃枉法，横行无阻。后来由于他们同伙分赃不均，互相揭发把案情暴露了。元世祖忽必烈如梦初醒，大吃一惊，考虑到案情重大，就委托中书省进行审理查处。可是，中书省的几位大臣，都是畏权惧势的家伙，谁也不敢明察这件事。

正在朝廷左右为难之际，廉希宪挺身而出，毅然决定亲自审理这个案件。经过详细审问和调查，案件终于水落石出，人赃俱在，罪行属实，阿合马及其党羽被分别论处了。廉希宪严肃地惩办了贪污犯罪分子，使元朝萎靡的朝政为之一振。

廉希宪不仅能够清除贪污之人，振兴朝纲，且能知人善任，目光远大。

当他在京为长官时，四川宣抚使浑都海造反，西川将领纽邻奥鲁官即将要举兵相应，却被蒙古八春捕获，与其党羽五十多人被监禁在乾州监狱，八春送了其中两人到京兆来，请廉希宪处死他们。

廉希宪对属下说：“浑都海不可能乘机向东侵犯，目前还没有其他顾虑。而且他们大家心志不一致，有人确有反叛之心，但是主意还不坚决。他们如果看见自己的将领受到拘禁，可能更加心生反叛，危害不浅。可以顺着他们怕死的心意，一起宽释，然后派这支军队剩余的士兵去依附八春，由八春带领，才是最好的办法。”

当初八春逮捕各军官，全军士兵都非常恐惧，四处逃

逸；后来听说军官都安全了，纽邻奥和鲁官也释放了，于是士兵们都大喜过望，人人感佩。最后八春果然带着精兵数千人，一起向西讨伐浑都海。

明代冯梦龙对此曾评论说："让那些人依附八春的原因，是预知八春有能力制服叛贼，不是随意纵虎归山，遗留后患的。八春能杀他们，廉希宪能救他们，畏惧与感念交集，不必担心不被我所用。"

廉希宪既能做到严于律人，坚决打击处分贪官污吏；也能做到严于律己，表现出自己的高洁。有一次，廉希宪有病，医生说需要砂糖，廉希宪家里没有，当时砂糖是稀有的东西，权臣阿合马就派人送了两斤给廉希宪，想乘机结交。结果，廉希宪说："如果吃了它可以活命，那我也不吃奸人的东西。"

廉希宪为官数十年，廉洁清正。当他回到京城时，囊中空空，两袖清风，随身所带之物，唯有琴与书而已。临终时，廉希宪仍然不忘叮嘱儿孙谨守清廉，他说："丈夫见义勇为，祸福无预于己，谓皋、夔、稷、契、伊、傅、周、召为不可及，是自弃也。天下事苟无牵制，三代可复也。"又说："汝读《狄梁公传》乎？梁公有大节，为不肖子所坠，汝辈宜慎之！"狄梁公即唐朝名相狄仁杰，狄仁杰死后其子贪暴，百姓愤而毁了狄仁杰的祠堂。廉希宪的六个儿子都时刻遵守父亲的遗训，为将为相都能清廉自守。元朝追封廉希宪为魏国公，赠清忠粹德功臣、恒阳工等荣誉称号，谥号为"文正"。这个谥号是对大臣功劳的最高评价，历史上得到这个谥号的人很少。

廉希宪正如天山雪融后的一缕清风，飘过元代政坛，涤荡了一方净土，留下清廉、刚直和高洁，为后人敬仰！

专栏

成吉思汗后裔到底有多少

一代天骄成吉思汗（1162—1227），即元太祖铁木真，是显赫一时的大英雄，他对世界的影响非同一般，在2000年，《华盛顿邮报》把成吉思汗评为千年风云第一人。专家认为，成吉思汗是迄今为止对世界影响最大的人物之一。

成吉思汗卓绝的军事领导才能是罕见的，史称“深沉有大略，用兵如神”。在他的带领下，蒙古军队不但统一了蒙古族，并且开始向世界各处扩张，将世界很多地方都刻上了蒙古族的印记。成吉思汗带领着蒙古军队走过了世界这么多的地方，那么，世界各地都有他的后人，这一点似乎也不为过。

在20世纪80年代的时候，据英国《星期日泰晤士报》的报道，赛克斯博士和他的牛津同事赫吉斯，用从骨化石中提取的DNA证明了在西方有成吉思汗的后代。赛克斯和他的同事利用DNA的办法来解开人类遗传史的问题，是因为DNA测试能够提供出人类血统的清晰图谱，在赛克斯的测试下，他发现自己测试的骨化石的DNA和成吉思汗的染色体一致。

这番结论一出，便引起一片哗然。如果此番言论属实，那就说明成吉思汗的子孙后代已经跨越国界了。不

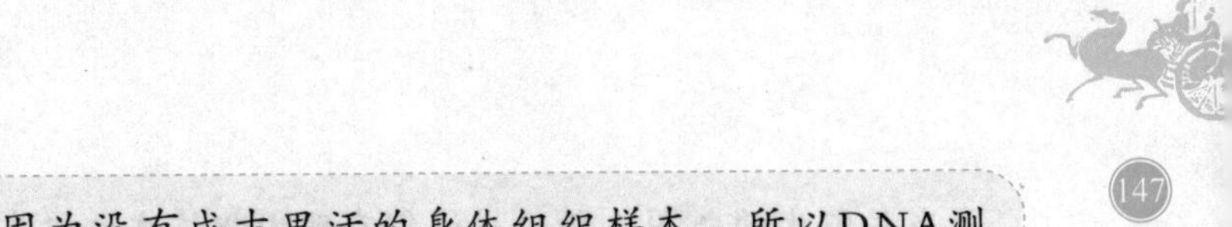

过因为没有成吉思汗的身体组织样本，所以DNA测试出的结果只是一种可能性的判断，没有切实的依据来证明。

但是，赛克斯还是根据有关男性Y染色体的研究，认为成吉思汗应该是历史上最成功的“播种者”。他在自己的新书《亚当的诅咒》中宣称，成吉思汗当年率领着蒙古军队南征北战，在世界的版图上征讨，他的子孙就在这个过程中，在欧亚两个大洲的土地上进行繁衍，日复一日的历史流逝过去，现如今，全球至少有一千六百万的男性会是成吉思汗的后裔，与他有着血缘关系。

这些后裔流落在亚欧大陆，还可能会在英伦三岛上，其中不乏王室皇族中人。在书中，赛克斯还指出来，他和他的科研人员，历时十多年之久，从中国、巴基斯坦、乌兹别克斯坦和蒙古国等地，一一进行了考察和采样。

他们搜集了十六个组群的血液样本，然后进行研究，结果发现，在多达8%的男性基因中，拥有相同的Y染色体片段。这样高的概率很不寻常，能够解释这一现象的原因就只有它们可能是从同一个祖先那里继承而来的。

然后根据染色体的极小变化，他们觉得这个祖先生活的年代距离现在不会很久远，应该是生活在12世纪到13世纪之间，这个时间段和成吉思汗创建他浩大的蒙古帝国的时间也是很吻合的，而且他们所采集样本的区域正是当年蒙古的版图，所以，他们有理由相信这位祖先就是成吉思汗。

此外，还有一个很有说服力的证据，就是据说在巴基斯坦的哈扎拉（Hazara）山地部落中生活的人们，代代相传认为自己是成吉思汗的后人。根据专家对那里人的DNA的检测，也发现了那里的男性染色体和在其他地方发现的染色体很吻合。

从以上种种的迹象来看，成吉思汗的后人分布的确实很广泛，从历史的角度来分析，当日成吉思汗在扩充自己版图的时候，已经将蒙古军的铁骑延伸至了阿富汗，还延伸至俄罗斯和伊朗。蒙古大军每到一处城市，都会进行血腥的屠杀，抢夺财物，还掠夺美女，这些美女会先送给成吉思汗。有一些美女如果深得成吉思汗的喜爱，则会被他留下当妃嫔，故而成吉思汗有很多混血儿子，这些儿子的身上都带有成吉思汗的染色体。

成吉思汗征战沙场多年，掠夺的各国美女也很多，所留下的后代自然不少。在他去世后，他的儿孙也沿袭了他的传统，英勇善战，开拓疆土，更加勤于传宗接代，他的长子术赤就有十四个儿子，可见其家族的庞大。

这些儿孙就这样不断在世界各地散播成吉思汗的“超级染色体”，成吉思汗的家族也就日益变得庞大起来。

第七章

繁荣富庶的“黄金国”

“在遥远又遥远的东方，有一个富庶的黄金国。”这是马可·波罗告诉欧洲人的一条信息。此后欧洲就开始了寻找黄金国的努力。也许，元朝称不上是一个黄金国，但在西方人眼里，却有着比黄金还夺目的繁华。元朝在中华大地上创造了另一个传奇，不过这次不是用战无不胜的铁骑，而是用无与伦比的繁华。

至元七年（1270），元朝国内商税“以银四万五千锭为额，有溢额者别作增余”，至元二十六年（1289），商税已增至“腹里为二十万锭，江南为二十五万锭”，共计四十五万锭。不到二十年的时间，商税增长了十倍。商税的增长反映出当时商业的繁荣。

可以说，在忽必烈统治期间，元王朝实现了空前的统一，经济繁荣，社会安定，国家非常强盛。对于元朝的繁荣富庶，我们可以从马可·波罗的游记中窥见一二。

从《马可·波罗游记》说起

柏杨先生曾在《中国人史纲》中说过："马可·波罗如果不是这本书，他已与草木同朽。这本游记跟柳永的'三秋桂子，十里荷花'的词句一样。欧洲探险家也相信向西方一直航行，一定可以到达遍地黄金的大汗的国土，受这本书的诱惑很大。"

马可·波罗如果生在现代，他绝对不是一个合格的导游，他没有把欧洲人带到中国，欧洲人却拿着他记述的有些混乱的"导游全书"，误打误撞闯入了资本主义。欧洲人手捧他的类似于科幻小说的游记，于懵懵懂懂中跨进了近代的门槛。

"杭州的街道和运河，都相当广阔，船舶和马车载着生活日用品，不停地来往街道上和运河上。估计杭州所有的桥，有一万二千座之多……杭州城内有十个巨大的广场和市场，街道两旁的商店，不计其数。每一个广场的长度都在一公里左右，广场对面则是主要街道，宽四十步，从城的这一端直通到城的那一端。运河跟一条主要街道平行，河岸上有庞大的用巨石建筑的货栈，存放着从印度或其他地方来的商人们所带的货物。这些外国商人，可以很方便地到就近的市场上交易。一星期中有三天是交易日子，每一个市场在这三天交易的日子里，总有四万人到五万人参加。"马可·波罗对中国的描写，超乎了当时欧洲人的想象。马可·波罗进入当时的杭州，就如同最不发达第三世界国家的人偶尔置身于

华尔街，那种超乎想象的繁华，那种跨越时空的距离，让他窒息，而他的描述更让当时的欧洲人依稀看到了伊甸园的影子。

更何况，当时元朝的信仰自由政策，让因为宗教信仰而残杀的欧洲人更加确信，那就是上帝的国度，因为除了上帝，他们无法想象有谁能建立一个有着如此宽容度的国家。

“杭州街道全铺着石板或方砖，主要道路的两侧，各有十步宽的距离，用石板或方砖铺成，但中间却铺着小鹅卵石。阴沟纵横，使雨水得以流入运河。街道上始终非常清洁干燥，在这些小鹅卵石的道路上，车如流水马如龙一样地不停奔驰。马车是长方形的，上面有篷盖，更有丝织的窗帘和丝织的坐垫，可以容纳六个人。”

在丝绸一直到19世纪还很珍贵的欧洲，马可·波罗这样的描述，要么会让人因为羡慕而发疯，要么会让人因为过度的刺激而麻木。

“通往市场的街道都很繁华，有些市场还设有相当多的冷水浴室，有男女侍者分别担任招待。杭州人不管是男是女，终年都用冷水沐浴。他们从小就养成了这个习惯，认为冷水对身体有益。当然，也有热水浴室，不过专供外国人使用，因为外国人不能忍受那冰一样的冷水。杭州市民每天都要沐浴，沐浴的时间大都在晚饭之前。”

欧洲人一直到13世纪，还不知道沐浴（至少不普遍），所以马可·波罗对中国人天天沐浴，进行了特别强调。

《马可·波罗游记》是欧洲人撰写的第一部详尽描绘中国历史、文化和艺术的游记。马可·波罗在1299年写完这本游记，“几个月后，这部书已在意大利境内随处可见”。在1324年马可·波罗逝世前，《马可·波罗游记》已被翻译成欧洲多国文字，广为流传。西方研究马可·波罗的学者莫里斯·科利思认为马可·波罗的游记“不是一部单纯的游记，而是启蒙式作品，对于闭塞的欧洲人来说，无疑是振聋发聩，为欧洲人展示了全新的知识领域和视野，这本书的意义在于它导致了欧洲人文科学的广泛复兴”。

马可·波罗的父亲和叔叔曾经到东方经商，朝见过蒙古帝国的忽必烈大汗，还带回了大汗给罗马教皇的信。1271年，马可·波罗17岁时，他父亲和叔叔拿着教皇的复信和礼品，带领马可·波罗与十几位旅伴一起向东方进发了。经过千辛万苦，他们来到大都见到忽必烈大汗并呈上了教皇的信件和礼物，并向大汗介绍了马可·波罗。大汗非常赏识年轻聪明的马可·波罗，特意请他们进宫讲述沿途的见闻，后来还留他们在元朝当官任职。1292年春天，马可·波罗和父亲、叔叔受忽必烈大汗委托，护送一位蒙古公主到波斯成婚。他们趁机向大汗提出回国的请求。大汗答应他们，他们在完成使命后，可以转路回国。1295年年末，他们三人终于回到了阔别二十四载的亲人身边。1298年，马可·波罗参加了威尼斯与热那亚的战争，9月7日不幸被俘。在狱中他遇到了作家鲁思梯谦，于是便有了马可·波罗口述、鲁思梯谦记录的《马可·波罗游记》。

从《马可·波罗游记》一书问世以来，七百年来关于他的争议就没有停止过，一直不断有人怀疑他是否到过中国。由于书中充满了人所未知的奇闻逸事，《马可·波罗游记》

遭到了人们的怀疑和讽刺。之后，随着地理大发现，欧洲人对东方的知识越来越丰富，《马可·波罗游记》中讲的许多事物逐渐被证实，《马可·波罗游记》不再被视为荒诞不经的神话。但现代学者又重新对《马可·波罗游记》的真实性提出怀疑，因为有些具有中国特色的事物在书中只字未提，如长城、筷子、茶叶、中医（如针灸）、汉字、印刷术、妇女缠足、用鸬鹚捕鱼等等。而这些事物在同一时期的波斯商人的游记中，以及1792年英国马噶尔尼访华回国后写的游记中都有记载。

面对质疑，国学大师钱穆的回答妙趣横生，或许代表了他们普遍的想法和观点。他说自己"宁愿"相信马可·波罗真的到过中国，因为他对马可·波罗怀有一种"温情的敬意"。

马可·波罗的中国之行及其游记，在中世纪时期的欧洲被认为是神话。但《马可·波罗游记》打破了宗教的谬论和传统的"天圆地方"说；同时，《马可·波罗游记》对15世纪欧洲的航海事业起到了巨大的推动作用。意大利的哥伦布，葡萄牙的达·伽马、鄂本笃，英国的卡勃特、安东尼·詹金森和约翰逊、马丁·罗比歇等众多的航海家、旅行家、探险家读了《马可·波罗游记》以后，纷纷东来，寻访中国，大大促进了中西交通和文化交流。

在《马可·波罗游记》出现以前，在中西交往中，中国一直是以积极的态度，努力去了解和认识中国以外的地方。最早可以追溯到周穆王西巡。西汉武帝时期张骞通西域之后，一条从中国经中亚抵达欧洲的"丝绸之路"出现了，中国对西方世界有了更进一步的认识和了解。唐朝时一大批西方的商人来到中国，中国对西方世界的认识更深入了。但直到13世纪以前，中西方都缺乏直接的接触和了解。而欧洲人对中国的认识，在13世纪以前，一直停留在道听途说的间接接触上，《马可·波罗游记》对东方世界进行了夸大甚至神话般的描述，激起了欧洲人对东方世界的好奇心，这又有意或者无意地促进了中西方之间的直接交往。

《马可·波罗游记》直接或间接地开辟了中西方直接联系和接触的新时代，也给中世纪的欧洲带来了新世纪的曙光。在今天，再探讨《马可·波罗游记》有多大真实性意义已经不是很大，因为这本游记已经完全超出了一本书的价值，甚至超出了所有真实记述的书的价值。

元大都：盛世繁华的象征

邱树森先生认为："由于农业、手工业和商业的发展，元代的城市规模是很大的，城市经济也很繁荣。元大都就是其中的典型代表。"

"全城的设计都用直线规划。大体上，所有街道全是笔直走向，直达城根。一个人若登城站在城门上，朝正前方远望，便可看见对面城墙的城门。城内公共街道两侧，有各种各样的商店和货摊……整个城市按四方形布置，如同一块棋盘。"

这是马可·波罗在其游记中描述的元大都。

近年在元大都光熙门（东北门）至大都城东北隅进行勘查，总计发现东西向胡同二十二条。北京东直门（元崇仁门）至朝阳门（元齐化门）之间现仍保存的东西向胡同也是平列的二十二条。可见，相邻两城门区间内平列二十二条胡同，当是元大都城规划的统一格式。今北京东西长安街以北的街道，因同在元大都和明北平（北京）城内，所以改动不大，至今仍多保留元大都时期的格局。元大都街道的布局，奠定了今日北京城市的基本格局。

13世纪初，成吉思汗率领蒙古铁骑四次南下，围攻金中都（现北京），在1214年，将中都攻陷，一把火毁了金朝苦心经营了六十三年的都城。

四十余年后，忽必烈派遣刘秉忠来燕京相地，决定放弃以现西城区为中心的金中都旧址，而以其东北的金代的琼华岛离宫，即现在的北海公园为中心兴建新都。

元大都又称为哪吒城。当时主持兴建元大都的刘秉忠通《易经》，精阴阳。他主持的元大都设计，完全恪守《周礼·考工记》中的布局。但元大都的城门只建十一门，不开正北之门，这也依了八卦北为坎的方位方法。因为其方位“重险，陷也”，所以不开城门。也有人认为元大都之所以将京城少开了一个门，是受佛家“三头六臂”之说的影响，南面三门为三头，东西三门是六臂，北面只有两个门，是为哪吒脚下的两个“风火轮”。

元大都因系择址新建，城市规划不受旧格局约束，所以其居民区与金中都新旧坊制混合形式不同，全部为开放形式的街巷。元大都的街道，规划整齐，泾渭分明，相对的城门之间一般都有大道相通。

“新都的中央，耸立着一座高楼，上面悬着一口大钟，每夜鸣钟报时。第三次钟响后，任何人都不得在街上行走。除非遇有紧急事务，如孕妇分娩或有人生病，非出外请医生不可者可以例外。但是，如果遇到这种情况，外出的人必须提灯。”“夜间，有三四十人一队的巡逻兵，在街头不断巡逻，随时查看有没有人在宵禁时间——即第三次钟响后——离家外出。被查获者立即逮捕监禁。”根据马可·波罗的记述，我们可以看出元朝沿袭了前代实行夜禁的制度，以钟声响动为信号，“一更三点，钟声绝，禁人行。五更三点，钟声动，听人行”。整个城市按照这个节奏，白天热闹而夜晚安宁。

元大都建成后，成为当时世界上最为宏伟繁荣的城市，根据文献记载，仅赋役人口就约四十万，据此推测当时大都城市人口近百十万人，是13世纪世界上最大的城市。大都经济繁荣，商业尤为繁盛，全国各地以及波斯、阿拉伯、高丽、缅甸等外国的许多货物都集中在这里。

《析津志》描述其地盛况云：“钟楼之东南转角街市俱是针铺。西斜街（今北京积水潭东北）临海子，率多歌台酒馆，有望湖亭，昔日皆贵官游赏之地。楼之左右俱有果木饼面柴炭器用之属。”又云：“钟楼……本朝富庶殷实莫盛于此。”“川陕豪商，吴楚大贾，飞帆一苇，径抵辇下”，为大都城提供了丰富商品。当然，这些商品中，更多的是供达官显贵享用的珍贵皮毛、奇珍异宝、高贵纺织品。

据《马可·波罗游记》记述在大都市场上做生意的不但

有中国境内南北的豪商巨贾，还有远自中亚、南亚的商人，“凡世界上最为稀奇珍贵的东西，都能在这座城市找到，特别是印度的商品，如宝石、珍珠、药材和香料”。“根据登记表明，用马车和驮马载运生丝到京城的，每日不下一千辆次”。元大都城和境内外其他地区的这种经济关系，也从一个侧面反映出其作为封建社会都城的经济特点。

“科学技术是第一生产力！”就像今天高呼的口号一样，元大都的繁华，不仅仅是因为元朝所实行的重视商业的政策以及当时手工业的发达，更源自当时元朝科学技术的发达。

在我国科学技术史上，元朝是科学技术繁荣发展、各种发明创造层出不穷的重要时期。天文学、数学、医学与本草学，以及技术科学的许多部门都取得了新成就。

棉织业的发展是元代手工业中一个显著的成就。成宗元贞年间，流落崖州的松江妇女黄道婆，返回松江，带回了崖州黎族人民的棉纺织技术。黄道婆教松江人民制作捍、弹、纺、织的工具和错纱配色、综线挈花等技术，织成生动如画的棉布。松江遂成为江南产布的名地，松江棉织业的发展又促进了印染业的发展。孔齐《至正直记》说：“松江能染一种青花布，用木棉布染印，青文洗浣不脱，这种青花布，染印芦雁花草，宛如一幅苑画。”

元代的印刷业也有所发展，元朝人王祯选择优质木料刻字，以防止沾水伸缩，这就避免了泥活字、锡活字的缺点，使活字印刷术向前推进了一步。稍后，马称德也镂活字版至十万字，印成了大部头的《大学衍义》等书。

套色印刷技术的发明是元代印刷术发展的另一成就。后至元六年（1340），中兴路（今湖北江陵）资福寺刻无闻老和尚注解《金刚经》，首卷的灵芝图和经注都是用朱墨两色木刻套印。它比西欧第一本带色印的圣诗，要早一百七十年。

中国是瓷器的国度，技术的发展自然少不了烧瓷技术，并且每个朝代都有自己的代表作，从唐三彩到宋代的青瓷和白瓷，其中元代瓷器以青花瓷器为代表作。它的制作在颜料的炼制和烧造方面，都较宋代有了很大的发展。元青花色彩明快，釉质光润，其烧造技术已发展到相当成熟的阶段。江西的景德镇是当时的瓷都，官府命令选取细白质腻之陶土，精制为薄质精美的进御器呈进。它们是千中选一的精品，故非一般民器所可比拟。

1964年河北保定出土的青花加紫镂空大盖罐、青花八棱执壶和1970年北京出土的青花凤头扁壶、青花托盏等都反映了当时烧造的水平。元青花不仅行销国内，还大批远销海外。

元代农业生产的技术也有所提高。从天时地利与农业的关系，到选种、肥料、灌溉、收获等各方面的知识，都已达到新的高度。棉花很早就自南北二道传入中国，宋时棉花种植除了西域、海南，主要在闽广一带，元中后期已遍及全国，耕种方法也随之传布。

由于手工业生产的发达，商业上交换的频繁，元朝实用算术方面也有很大的进展。元朝最能够代表这一特点的是算盘开始使用，刘因《静修先生文集》中有算盘诗。元末明初陶宗仪的《辍耕录》已论算盘珠。

元朝经济的繁荣带来的一个直接结果是医学的进步，其中有成就的可推朱震亨、危亦林等人。朱震亨主张“阳有

余而阴不足”，创“滋阴养火”方法，后世称他为滋阴派。他所用的有些药剂如大补阴丸、琼玉膏等，到现在还流传服用。刘完素的寒凉派、张从正的攻下派、李杲的补土派和朱震亨的滋阴派，号称金元医学的四大学派。

元朝后期，统治集团内部为争权夺利而展开了激烈的拼杀。他们的争斗，严重影响了统治机构的正常运转，加上官吏贪污成风，很快激起了全国范围的农民起义。而蒙古铁骑的霸气已经在长期养尊处优中消磨殆尽，面对风起云涌的农民起义军，曾经不可一世的蒙古铁骑一触即溃。元朝的皇帝这时还沉浸在后宫的淫乐之中，直到起义军逼近大都，才如梦方醒，但为时已晚，他只好仓皇地带着后宫妃子逃回蒙古草原。

元朝的末代皇帝抛弃了先辈们苦心经营的大都，马背上的民族结束了在城市中的辉煌，重新回到草原开始了游牧生活。

都市中的游牧民

对于习惯了逐水草而居的蒙古人而言，城市并不是一个适宜居住的地方，更多的是攻击和抢掠的目标。当辽阔的中原地区已经没有城市可以征服的时候，他们面对到手的城市和国家有些茫然，显然，他们虽然有攻击和掠取的欲望，却少有占有和经营的概念。

狭小而局促的城市显然无法放牧草原雄鹰桀骜不驯的

心，但现实还是让他们骑着马进入城市，只不过这次他们不是作为过客，而是主人。于是，他们开始在城市中谱写草原牧民生活的新篇章。

史卫民先生在《都市中的游牧民》一书中说：“习惯于逐水草而迁徙的蒙古人，走进了陌生的城市。城市的财富和生活方式吸引了新的统治者，他们先试着在草原上建起宫殿和高大的城墙，随即造出了一座闻名世界的大都城。”

当以成吉思汗的黄金家族为代表的蒙古族上层集团以帝王将相的身份入主中原，同时大量的蒙古普通百姓作为“国人”移居内地。他们也把具有北方草原游牧文化特色的习俗带进了内地，对元代的政治产生了一定的影响。

元朝建立初期，在是否建立一个城市作为首都，以及在何地建立首都的问题上，蒙古统治者之间展开了激烈的争论。最后确定建都在开平城，即元朝的上都。后来出于统治中原的需要，才建都在大都，也就是今天的北京。但已经熟悉了北方草原生活的蒙古人，迁居之后毕竟水土不服，比如，忽必烈建国，在中原定都之后，施行两都巡幸制。元诸帝在每年从4月到9月，在上都避暑。

不光是皇帝，元朝的王公贵族也有夏天到蒙古草原避暑的风习。在元一代，围绕皇帝在大都和上都之间轮回巡幸，产生了一系列的政治事件，对元代政局产生了很大的影响。又如，蒙古族建国以前就有朝会制度，即忽力勒台制。元朝建国后，这一制度在元宫廷中施行，对元廷制定方针政策，以及笼络控制宗王、诸那颜贵族，巩固政权，起到了很大作用。

随着北方蒙古人的内迁，北方蒙古等游牧狩猎民族习俗影响了内地汉族农业经济。这些影响主要表现在北方游牧狩猎文化与内地农业文化之间的差异以及对立上。早在蒙古人建国时期，有些蒙古贵族就想将中原良田变为牧场，却遭到了耶律楚材及蒙古大汗的阻止。随着大量蒙古人、色目人的移居，北方狩猎习俗也传至内地，从此内地不少地区出现了狩猎民，以及大规模围猎活动。

内地人的习俗和文化也在影响着蒙古人。蒙古人建立元帝国的前夕，大部分人仍饮马乳，“食肉而不粒”，而至元代，部分蒙古人开始食用农作物食品，饮用阿剌吉酒（烧酒）、葡萄酒。移居内地的蒙古人与汉人一样饮茶，后世蒙古人极为喜爱的奶茶便是从这时开始流行的。但烈性酒的大量饮用，对有些蒙古人身心的健康产生了不良影响。此外，在婚俗方面，蒙古人收继婚的改变、异族通婚的始行，以及在丧俗方面火葬的施行等对蒙古人来说，都是新鲜事情。

在娱乐方面，元代蒙古人的娱乐活动主要是在他们所经营的狩猎、游牧等生活中产生。因此，其内容大多与他们经济生活有关，其形式丰富多彩，其中摔跤、骑射、打球等是当时普遍的娱乐活动。

金庸先生在《射雕英雄传》中曾经有一段郭靖和欧阳锋在桃花岛比武的精彩描写。在比武的过程中，欧阳锋使诈，使郭靖倒栽葱从树上掉下来。而在另一边，欧阳锋的侄儿欧阳克也掉落下来，两人一倒一正，这时，郭靖无意识地用了一招蒙古摔跤的技法，扳住欧阳克的脚把他摔到地上，自己却又回到了树上。

金庸先生在书中交代说，郭靖自幼在蒙古长大，经常和蒙古的小孩摔跤，所以，他对蒙古摔跤的技法已经烂熟于心，危急之中才用了一招下意识的招数。

摔跤，是北方民族体育或娱乐的一种形式，它的历史可追溯到匈奴时期，从陕西长安汉上林苑（今沣西客省庄）发掘的匈奴墓中发现了长方形铜牌，铜牌的透雕花纹是两人互相搂住对方的腰部和一条腿做摔跤状，可见匈奴族有摔跤的习俗。有关13世纪蒙古人的摔跤习俗在《蒙古秘史》中记述较多，当时已产生了有名的摔跤手。元代蒙古人在节日或祭祀活动之后必有摔跤表演或比赛。表演摔跤的健儿们，“皆穿白布短衫，窄袖，而领及襟率用布七八层密缝之，使之坚韧不可碎”。边上嵌着一排闪闪发光的大铜帽钉。其背部大多用团文图案装饰，穿起来像盔甲一样威武壮观。蒙古入主中原后，在重大的节日活动中一般要进行摔跤的表演。

骑射，也是蒙古人喜闻乐见的体育活动。元代时，骑射在蒙古人中很兴盛。男女老少皆喜欢。大汗或那颜贵族也以骑射为乐。徐霆亲眼看见，窝阔台汗同随从数人在帐外射箭娱乐，大汗“射四五箭，有二百步之远射，射毕即入金帐”。彭大雅说：“其骑射则孩时绳束以板，络之马上，随母出入；三岁以索维之鞍，俾手有所执，从众驰骋；四五岁，挟小弓短矢；及长也，四时业田猎。凡其奔骤也，跂立而坐，故力在跗者八九，而在髀者二三，疾如飙至，劲如山压，左旋右折如飞翼，故能左顾而射右。”

骑射又是蒙古人比试箭术臂力与马技的竞技手段。据《元朝秘史》载，成吉思汗的两个儿子发生争执，拙赤对察

哈台说："我与你赛射远，你如胜我时，便将大指剁去！我与你相搏，你若胜我时，倒了处再不起！"

"打球"，也叫"击鞠"或"击球"，是蒙古人自古喜爱的体育活动之一。蒙古人入主中原，统一全国以后，此项运动仍在他们中流行。元代人熊梦祥在《析津志·风俗》中言："击球者，今（金）之故典。而我朝演武亦自不废。常于五月五日、九月九日，太子请诸王于西华门内宽广地位。"元代分封在外的蒙古贵族每遇节庆也要举行击球比赛，《析津志》又载："如镇南王之在扬州也，于是日王宫前列方盖，太子、妃子左右分坐，与诸王同列。执艺者上马如前仪，胜者受上赏；罚不胜者，若纱罗、画扇之属。"

在元朝皇宫中，还有诸多与宗教信仰有关的迷信活动，其中有一些是前代所没有的，如"游皇城""射草狗"等。

意大利旅行家鄂多立克的记述能让我们更详细地了解当时蒙古皇宫的生活。"大汗驻于此，有一座非常大的宫殿，围墙至少有四英里长，其中有许多较小的宫殿，帝王城是由若干同心的、渐次向外扩大的圆圈组成，每一圈城池内都有居民。在第二圈，是大汗及他的家人和随从们居住。在这一圈内，堆有一座人工小山，山上筑有主要的宫殿。小山上种着美丽的树，故名绿山。山周有湖和池塘环绕。一座极美的桥横跨湖上，无论是从它的大理石色泽的鲜艳，或者是建筑结构的精细上，都是我见过的最美的桥。池中有无数野鸭、天鹅和野鹅。大汗不需要离开宫殿所在的圈，就可以享受打猎的乐趣，因为圈墙内有一个大公园，园内有许多野兽。"

接着鄂多立克描述了在蒙古宫廷中受到接见的情况（当

时的大汗是忽必烈的重孙子也孙铁木儿）。“当大汗登上宝座时，第一位皇后坐在他的左手边，比他矮一级；接着在第三级是三个妃子。在妃子下面坐着王族的其他贵妇。大汗的右手边是他的长子，长子以下各级坐着宗王们……”

鄂多立克还描写了在离北京有二十天路程之远的帝国森林中为大汗安排的巨大的狩猎活动。他形象地描述了打猎场面：大汗骑在一只大象背上，蒙古君主们各自射出具有颜色标志的箭。“动物的嘶叫声，猎狗的狂吠，一片喧闹，以致互相之间的说话都听不见。”一旦达到高潮，狩猎的场面就完全结束了，也孙铁木儿像其祖先成吉思汗一样，冲破围猎圈，按佛教的精神，让受伤的野兽逃走。

可见，元朝的皇帝既延续了历代帝王的一些习俗，也具有鲜明的蒙古特色。

如果说在生活起居上，元朝皇室受到了其他民族很大的影响，但在皇帝的丧葬上，他们则一直有自己独特的风格。史卫民先生在《都市中的游牧民》一书中说：“元代的宫廷丧葬，大体依照蒙古族传统习俗，但是祭祀等活动在中原传统制度影响下，形成了一种双轨制。”

以成吉思汗的葬礼为例，因为接受了汉族的一些丧葬制度，按照成吉思汗生前指定的地点，他的灵柩被葬在了肯特山的起辇谷。又因为蒙古族的埋葬习惯，成吉思汗被深埋入地后，不起坟垅，不立墓碑，当葬礼举行完毕后，护卫的亲兵在坟地上驱马驰骋，将所填新土踏平后，还要在此地驻扎一年，因为马蹄踏平新土的同时也踩倒了周围的草丛。等到来年春天，草生如故之时，护卫才散去。这样，这片草地

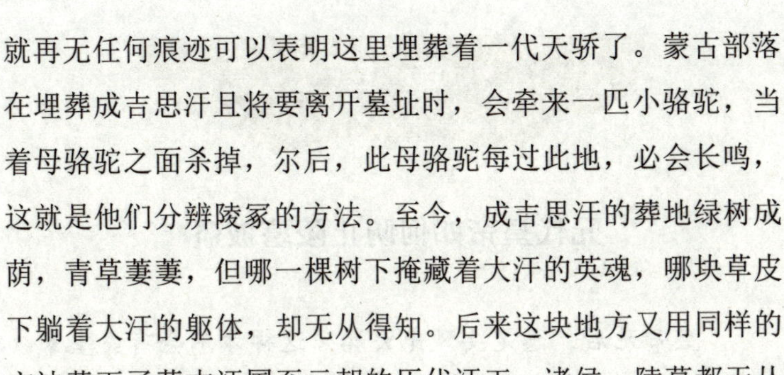

就再无任何痕迹可以表明这里埋葬着一代天骄了。蒙古部落在埋葬成吉思汗且将要离开墓址时，会牵来一匹小骆驼，当着母骆驼之面杀掉，尔后，此母骆驼每过此地，必会长鸣，这就是他们分辨陵冢的方法。至今，成吉思汗的葬地绿树成荫，青草萋萋，但哪一棵树下掩藏着大汗的英魂，哪块草皮下躺着大汗的躯体，却无从得知。后来这块地方又用同样的方法葬下了蒙古汗国至元朝的历代汗王、诸侯，陵墓都无从考证。

来有影，去无踪，来时惊天动地，去时了然无痕。这与其说是蒙古帝王从生到死的历程，不如说是整个蒙元历史的缩影。广袤无垠的蒙古草原，消融了蒙元历代帝王的痕迹，同时也使整个蒙古民族在历史的舞台上风光一时之后，又归于平淡。

专栏

元代皇帝如何防止陵墓被盗

皇帝死后，总是要风光大葬，这样才不会有失皇家的颜面，每个封建王朝都是如此，唯独元朝皇帝没有留下一座陵墓。

明朝叶子奇《草木子》中记载着元朝皇帝死后的事情："元朝皇帝驾崩，用啰木两片，凿空其中，类人形大小合为棺，置遗体其中……加髹漆，毕，则以黄金为圈，三圈定（箍两头、中间）……以万马蹂之使平。杀骆驼于其上，以千骑守之。来岁草既生，则移帐散去，弥望平衍，人莫知也。"

这段话的意思就是元朝皇帝死后，随从会挖掘一道深沟，将他的遗体放在一个大树掏空后做成的棺材里。然后将棺材放入深沟中，用土填平，让马踩平，还要用帐篷将这周围地区全部围起来。待到墓葬地面上的青草长出，看起来和周围的草地一样后，才会将帐篷撤走，这样墓葬的地点就不会泄露了。

当年成吉思汗去世，就是采用了这种方式下葬。根据南宋文人的笔记记载，成吉思汗在宁夏病逝后，他的遗体就被运送到了漠北肯特山下某处，用这样独特的方式埋葬，所以，至今无法确定成吉思汗的墓葬所在。

在全部的埋葬工作完成后，蒙古人就会在墓葬地表

杀死一头小骆驼，这时，小骆驼的母亲就会记住这个地点，每年祭祀时会将母骆驼牵去，而看到母骆驼停在某个地方悲伤地流眼泪，那就说明，这个地方是当初埋葬的地点了。

蒙古民族是一个有智慧的民族，他们征服中国大部分土地并非全靠武力，也要依靠智慧，虽然用骆驼寻找祖宗坟墓的说法，没有科学依据，不过也算是后人对元朝帝王没有陵墓的一个探索揭秘过程。

元朝建立以前，蒙古人有自己独特的丧葬习俗，主要特点就是薄葬简丧，这和蒙古人是游牧民族的特性有关，蒙古人在草原上生活没有固定的居所，生活方式比较简单实用。当人死后，蒙古人会让死者坐在一顶其生前用的帐幕中央下葬，然后将随葬的一些肉类、弓箭放入土里，表示死者死后有肉吃，有弓箭用。

忽必烈建立元朝之后，逐渐接受了汉文化，开始用棺木葬人，但比起汉人帝王来说，元朝的帝王墓葬要简单得多。元朝的皇帝死后首先要有一个下葬的仪式，随葬品也要多一些，却不能有汉族官员参加，只有蒙古人能参加。

他们不会修建大型的陵墓，也不会在史书上留下相关的记载，为的就是不留下可以让盗墓贼发现陵墓的线索和痕迹，此外，他们还有别的不被盗墓者发现陵墓的方法，如忽必烈在位期间，就为自己和后代子孙找出了陵墓不被盗掘的方法。

他会选择一个人口稀少的风水宝地作为埋葬地，然后将当地的人都进行迁移，让这个地方变成无人的空白地。当皇帝下葬后，还要对外宣布，皇帝遗体将运回漠北进行安葬，达到以假乱真的目的，所以，后人几乎找不到元朝皇帝的陵墓所在。

史书上记录的不完整和元朝皇室的有意隐瞒，让元朝皇帝的陵墓蒙上了神秘的面纱。而蒙古族特有的文化习俗和生活习性，也为后来人对元朝皇帝的陵墓进行考证增加了一定的难度。人们很难了解当时的历史真相，所以，元朝的皇帝不是没有陵墓，而是还没有被发现，这场精心策划的骗局还有待后人破解。

第八章 一场旷古烁今的文化盛宴

人类的偏见有时会显得荒谬，譬如一提起元朝，就会想到这个时期充满黑暗、血腥，除了元曲，在文化上没有什么建树。其实不然，正如陈垣先生所说："元代之儒学、文学，均盛极一时，而论世者每轻之，则以元享国不及百年，明人蔽于战胜之余威，辄视如无物。加以种族之见横亘胸中，有时杂以嘲戏。"又说："清人去元较远，同以异族入主，间有一二学者，平心静气以求之。"从此处不难看出"元人文化不弱"。

元朝对世界的征服就像一个懵懂的少年无意中打败了一个成年人，当成年人拜服于他脚下，听从他发落的时候，他却没有了主意。当世界臣服在他脚下，当他明白他不仅是自己所征服的世界的占有者，也必须成为它的治理者时，他没有自己的模式可以强加给这个世界，所以这个世界又逐渐在原来的体制下恢复了原来的秩序。一切都没有变化，但一切又都发生了变化，因为不同文化已经不再像原先那样相互隔离，行政区域的统一打破了文化间的条块分割，各种文化走到一起，相互交流和融合，于是，元朝为世界奉献了一场旷古烁今的文化盛宴。

理学与文学共结连理

汉武帝时，汉臣苏武奉命出使匈奴，被扣押于北海（今贝加尔湖）。匈奴人对苏武威逼利诱，但他手持汉朝符节，誓死不屈，一直到汉昭帝继位，派人索还汉使苏武。匈奴谎称苏武早已病死，汉使就谎称大汉天子在上林苑射雁时，射中的一只大雁足系苏武亲笔所写帛书，讲明他本人仍在北方沼泽中被困。匈奴人惊惶，忙派人找到苏武，把他送还汉朝。

后人把昔日汉使所编的“故事”演绎成真。据《元史》载：“汴中民射雁金明池，得系帛，书诗云：‘霜落风高恣所如，归期回首是春初。上林天子援弓缴，穷海累臣有帛书。’后题曰：‘中统十五年（1274）九月一日放雁，获者勿杀，国信大使郝经书于真州忠勇军营新馆。’”

元世祖元年（1260），郝经佩金虎符，充“国信使”，带大批从人出使南宋，“告即位，且定和议”。结果，郝经行至宋境，贾似道怕自己在鄂州私下与忽必烈议和纳贡之事被宋帝知晓，便命李庭芝派人把郝经软禁在真州。这一囚，就是整整16年。

郝经是元朝初年著名的理学家和文学家，在中国理学思想发展上占有一定的地位。他在中国思想史上上接唐宋，下

启明清，在金末元初这个动荡的历史时期中为保存、传播和发展中国文化做出了积极贡献。在文学上，郝经提出了“内游”独特的作家修养论。他说：“至矣哉，诗经于王政如是之切也！于人情如是之通也！于治乱如是之较且明也！故有国君人者，不可以不读诗。”还说，“美而不至于谀，刺而不至于詈，哀之也而不至于伤，乐之也而不至于淫。”在文学上强调理学中的“中和之美”，体现了他把理学和文学完美结合的思想。

李治安先生对此评论说：“与唐宋诗词章句的考试内容相比，以理学为考试内容的变革是一种进步。”

理学和文学共结连理是元朝文化的一个特色。忽必烈主政以后较窝阔台汗和蒙哥汗更多地吸纳了儒学的治国思想。至元朝中后期，元朝开始实行科举考试，而考试的内核就是许衡提倡的朱子理学，并影响明清两代。在元朝，程朱理学成为官方的意识形态，在正统思想意识上一直处于主导地位，对元代正统文人的文学思想和诗歌创作产生了深刻影响。与元曲作家不同，元代诗人主要是具有正统思想的士大夫，有些诗人本身就是理学家或理学中人，如郝经以后的刘因、许衡、虞集、杨载、范梈、揭傒斯等，都是理学和文学兼通的代表。

“乱云随日下，荒草过堤平”，“云影水边去，雁行天际来”，这就是元朝理学大家许衡的名句。许衡主张以文章为载道之器，重视实用，他文风庄重，行文简洁，在体现孔子“辞达而已”的原则基础上，既重视义理也重视辞章。《元诗选》中的“作者小传”在评论他的诗时说：“先生开国大儒，不借以文章名世。然其古诗亦自成一家，近体时有秀句。”充分体现了他理学文学兼通的特点。而真正开创了元代理学家创作诗文先河的是刘因。

“西山龙蟠几千里，力尽西风吹不起。夜来赤脚踏苍鳞，一著神鞭上箕尾。”这是刘因在《西山》中的诗句。他在诗歌创作上推崇韩愈，倾慕元好问。他的七律气势磅礴，雄奇俏丽，颇有韩愈诗风的余韵，同时受元好问影响较深。“蓟门霜落水天愁，匹马冲寒渡白沟。燕赵山河分上镇，辽金风物异中州。黄云古戍孤城晚，落日西风一雁秋。四海知名半凋落，天涯孤剑独谁投。”这首《渡白沟》意境高远，沉郁雄浑，深得元好问诗歌的风致。

刘因出身儒学世家，著有《静修集》《丁亥集》《四书精要》，他是元代北方著名的理学家。刘因诗歌作品受到理学观念的影响，他的《人月圆》充分体现了他在文学创作上的这个特点：“自从谢病修花史，天意不容闲。今年新授，平章风月，检校云山。门前报道，曲生来谒，子墨相看。先生正尔，天张翠幕，山拥云鬟。茫茫大块洪炉里，何物不寒灰？古今多少，荒烟废垒，老树遗台。太行如砺，黄河如带，等是尘埃。不须更叹，花开花落，春去春来。”

在元朝，另一个理学与文学兼通的大家是吴澄。元朝时的行省椽（官职名）元明善，素以文学自负，他听说有个叫吴澄的人学问很高，于是去和吴澄比试高下。他提出许多有关《易》《诗》《书》和《春秋》的深奥问题加以考问，吴澄都对答如流。元明善不禁佩服得五体投地，叹曰：“与吴先生言，如探渊海。”遂拜吴澄为师。

吴澄与许衡、刘因并列为元朝三大理学家。他在理学中提倡“性其情”的道德情感，而在文学理论中则提倡性情和情性，吴澄的文道合一思想分而合之，不杂不离。吴澄还发展了刘勰以来关于文学通变的思想，提出“文不与世俱”的新命题。吴澄新的思想观点向文学理论的迁移大大地丰富和发展了中国古代的文学理论。

“徒把金戈挽落晖，南冠无奈北风吹。子房本为韩仇出，诸葛宁知汉祚移。云暗鼎湖龙去远，月明华表鹤归迟。不须更上新亭望，大不如前洒泪时！”吴澄的学生虞集这首沉郁苍劲、感人至深的《挽文山丞相》最能代表理学与文学共结连理的状况。而元朝的这种倾向，也给死板僵化的理学吹来了一丝清风，给灰色的理学理论增添了一抹亮彩。

社会民生的舞台演绎——元杂剧

如果说“元杂剧”这一过于学术化的术语可能不被大多数人了解，那么，《西厢记》《窦娥冤》就很少有人不了解了。《西厢记》《窦娥冤》就是元杂剧中的经典。王国维在《宋元戏曲考》中曾说：“若论真正之戏曲，不能不从元杂剧始也。”《窦娥冤》具有一种震撼人心的悲剧力量，将它放在世界伟大的悲剧中，也毫不逊色。中国古代乃至近现代包括京剧和各种地方戏在内的传统戏剧又称为“戏曲”，这是因为“曲”的演唱在其中有特别重要的地位。从性质来说，中国戏曲实际是一种带舞蹈成分的歌剧。

中国的戏曲在经历了漫长的发展过程之后，到元代形成了元杂剧。元杂剧把音乐、歌舞、表演、念白融于一体，是比较成熟的戏剧形式。

“唐有传奇，宋有戏曲、唱诨、词说，金有院本、杂剧、诸宫调。院本、杂剧其实一也，国朝院本、杂剧始厘而二之。”中国戏剧的起源，可以追溯到很远。从元杂剧的直接源头来说，则主要是两条：一是从宋到金的说唱艺术——诸宫调，一是从宋到金的以调笑为主的短剧——宋杂剧、金院本。

说到说唱，就不能不提唐玄宗。唐玄宗本人素喜音乐，他把原来隶属太平寺的倡优杂技人才划出来，设立左右教坊；又挑选好乐工数百人，在蔡苑的梨园进行专门训练，于是，唐玄宗就被奉为梨园领袖。人们习惯上称呼戏班、剧团为梨园，戏曲演员为梨园弟子。

说唱在唐代的变文，已经发展得很盛；北宋中叶，艺人孔三传创造了一种“诸宫调”来说唱长篇故事；到了金代，以董解元《西厢记诸宫调》为标志，这种说唱艺术发展得更为成熟。《西厢记诸宫调》的音乐即是元杂剧音乐的基础，所以前人说董解元为“北曲”的首创人；它按不同宫调将多个曲牌分别联套演唱一段段故事情节和曲与说白交错的体式，也为元杂剧所继承；它宏大的结构、细腻的人物性格描写，尤其是通过故事中人物的自叙（即代言形式）来展开情节的特点，又在文学上给元杂剧以相当的影响。

我们现在非常熟悉的一种艺术形式——相声和元杂剧有共同的源头。它们都始于上古宫廷弄臣“优”，以诙谐、调

笑为主要特点的艺术表演，后来演化为双人表演的“弄参军”。参军戏的一支后来演变为现代的相声，另一支与歌舞相结合，并渗入了戏剧的因素，便形成了宋杂剧和金院本。这些均为元杂剧所承袭。

元杂剧与金院本等虽出同源，但毕竟有质的区别，到了元杂剧，才成为具有完备的文学剧本、严格的表演形式、完整而丰富的内容的成熟的戏剧。当然，元杂剧的兴盛还有更深层次的原因。

“外国巨价异物及百物之输入此城者，世界诸城无能与比……百物输入之众，有如川流之不息，仅丝一项，每日入城者计有千车。”这是《马可·波罗游记》中记载的元大都的景象。城市经济的繁荣和艺术表演的社会化、商业化，是促使戏剧成熟与兴盛的必要基础。蒙古军攻占北方以后，在许多地方造成破坏，但若干中心城市，却反而人口激增，财富更为集中，出现畸形繁荣，这是元杂剧发展繁荣的最深层次的原因。

元杂剧的兴盛，使元代成为中国戏曲史上的黄金时代。当时涌现了一大批著名的杂剧作家，有姓名记载的就有二百多名，有记载可查的杂剧剧本有七百多种。

熟悉西方文学的人都知道莎士比亚，而在莎士比亚把《哈姆雷特》搬上舞台前的三百多年，中国的戏剧舞台上已经开始上演《窦娥冤》；在莎士比亚的《罗密欧和朱丽叶》还在构思当中时，中国的《西厢记》早已经红火了三个世纪。

我们现在把相爱的恋人称为“张生”和“莺莺”，“愿普天下有情人都成眷属”这句《西厢记》中的名言也广为人知。《西厢记》中的红娘这一角色已经不再是一个多管闲事的丫鬟，而成为媒人的别致称谓。如果以单部作品而论，《西厢记》可以说是元杂剧中影响最大的。而说到《西厢记》，就不能不说那个写了“曾经沧海难为水”的元稹，王实甫的《西厢记》最早的原型是元稹写的《莺莺传》。当然，从唐代元稹的《莺莺传》到元代王实甫的《西厢记》，故事的性质已经发生了根本性的改变。

“愿普天下有情人都成眷属”是一句美好的祝愿，“地也，你不分好歹何为地？天也，你错勘贤愚枉做天！”则是呼告无门的无奈，而这句流传了近千年的呼告正是出自关汉卿的《窦娥冤》。关汉卿是元代成就最高、影响最大的剧作家，他一生写了六十多部杂剧，大多表现了下层妇女的苦难和斗争。他的代表作《窦娥冤》深刻地表现了他对社会的不满，对弱者的同情。关汉卿的创作对后世戏曲的发展产生了巨大的影响，他不仅是中国伟大的戏剧家，也是世界文化名人。

除了关汉卿和王实甫，元代著名的杂剧作家还有马致远、白朴、郑光祖、纪君祥等。

元杂剧在题材上是一种突破，它把文学创作的题材深入社会现实，站在普通民众的立场上，提出了社会正义这一人类生活中的严峻问题。而这一类题材通过戏剧这一种最具有煽动性的文艺形式来表现，其效果也格外强烈。

元杂剧不仅对中国文化产生了巨大影响，在世界上也备受关注。纪君祥的杂剧作品《赵氏孤儿》很早就传入了欧

洲，1754年，法国启蒙思想家伏尔泰把它改编为歌剧《中国孤儿》，并注明“五幕孔子的伦理”。

元杂剧中的许多剧目直到今天仍在戏剧舞台上演出，有的还被拍成了电影和电视剧。

儒学思想熠熠生辉

在元朝，朝廷的佛教帝师地位很高。有一次，朝廷的佛教帝师到大都来，“大臣俯伏进觞，帝师不为动”，这就惹恼了国子祭酒李术鲁翀先生，他拒绝向帝师行礼，并说：“你是释迦牟尼之徒，又是天下僧人之师，我则是孔子之徒，天下儒者之师，请各不为礼。”这位帝师还算知趣，闻言大笑，站起来举觞共饮。

在元朝，儒家文化的地位很高，忽必烈就曾经说过，诸教派中，“今先生言道门最高；秀才言儒门第一”。忽必烈在进攻南宋的时候，曾经“不欲渡江，既渡江，不欲攻城，既攻城，不欲并命，不焚庐舍，不伤人民，不易其衣冠，不毁其坟墓”，甚至被汉族上层人士誉为“甚得夷夏之心，有汉唐英主之风”。

就是元朝的“元”字，也来自儒家文化，即取自儒家经典《易经》中“大哉乾元”之义。在《建国号诏》中，忽必烈称“绍百王而纪统”，忽必烈的儿子则完全是在儒者的教育下成长起来的。后来元朝的皇帝中，不乏能作汉文诗词的，能写汉字书法的，都是儒家思想不断对他们进行教育的结果。

蒙元虽然实行宗教自由，但当时在中国，主流的思想仍然是儒家思想，在中国北方，无论辽还是金，其国家的正统思想都是儒家学说，蒙古实现国家统一后，在元朝的大臣中，不少都是儒家学说的坚定支持者。例如，有一次文宗问国子祭酒的女真裔大臣孛术鲁翀："三教之中，到底哪个最尊贵？"孛术鲁翀回答："释如黄金，道如白璧，儒如五谷。"帝又问："如果是这样，那么儒家就是最不值钱的了？"孛术鲁翀答道："黄金白璧，有没有都关系不大，但五谷却是一天也不能缺少的啊！"在蒙古统一全国的战争中，许多儒士被俘虏，皆沦为奴。在被灭掉的西夏国，有一个名叫高智耀的人，是儒学的坚定支持者，他向忽必烈强烈抗议说："以儒为驱，古无有也，陛下方以古道为治，宜除之，以风厉天下。"忽必烈认同这种说法，不少读书人因此得到解放。

大德十一年（1307），元成宗加封孔子为"大成至圣文宣王"，并对孔子的家族、弟子等加封了种种称号。元朝也实行科举，用朱熹的《四书集注》为依据命题。元朝的皇帝还解释说："朕所愿者，安百姓以图至治，然非用儒士，何以至此？"元朝的皇帝们"帝中国当行中国事"，因此，汉文化在元朝非但没有中断，而且还有发展。元朝建立的时候，儒学经由朱熹已经发展到了理学，随着中国南北的统一，理学也传到了北方。此后，在元朝历史以及中国哲学史上，一个重要的人物出现了，他就是许衡。

说到元代的儒学，就不得不提到许衡这个人物。李治安

先生曾说："许衡成为中国13世纪，也就是元朝那个时代无人可以比肩的、最伟大的思想家、教育家，在元代，他就被皇帝下诏从祀孔庙，这可是儒家知识分子的最高荣誉呀！"

在历史上，许衡是一个备受争议的人物，与文天祥不同，南宋灭亡之后，他选择了与元政府合作的道路。陈得芝曾经这样评价许衡："许衡是抱着'行道'的志向应聘出仕的。在中原人民身处水深火热的情况下，许衡出山谋划太平之治，说明他有以天下为己任的宏愿，是应该受到赞扬而不是责难的。"许衡在中统元年（1260）第一次被征召入朝，当时有人质问："公一聘而起，毋乃太速乎？"他的回答是："不如此则道不行。"

许衡作为宋朝的亡民而在元朝入仕，用儒家传统的观点来看，这是不忠的表现，是在大节上有亏的，所以，传说他死后让他儿子把棺材悬在墓室里。千秋功过，自有后人评说。

许衡不仅以积极的入世态度对儒家思想进行实践，拯救万民于水火，同时，他对程朱理学的研究也有其独到之处，提出了著名的"治生论"。他说："言为学者，治生最为要务。"许衡是元代儒学的主要继承人和传播人，元代有人赞扬他说："继往圣，开来学，功不在文公下。"明代大儒薛中离则称之为"朱之后一人"。

综而论之，许衡的哲学思想具有折中理学和心学以及用心学补理学的倾向，并在某些具体的问题上，对朱熹的思想做了一定的改造和发展。

许衡生在乱世，年轻时颠沛流离，为躲避战乱背井离乡。有一次天热口渴，忽见路边梨树上挂满梨子，许多人都争相摘梨解渴，许衡却不为所动。有人问许衡："你为什么不摘梨呢？"许衡正色道："梨虽无主，我心有主。"

好一个"我心有主"，也正是由于我心有主，他才能够冒天下之大不韪，敢于面对世人对其不忠的指责。他是元代初期的名臣，鉴于当时的社会势态，他一再向元世祖建议要重视农桑，广兴学校，以"行汉法"作为"立国规模"。由于这一"立国规模"的确定，中原广大地区社会秩序得到恢复，生产得到发展，人民生活得到安定。他也因此成为元朝第一人。

蒙元虽然在治国思想上利用儒家文化，但在贯彻的过程中却不彻底。在现实的生活中，存在对儒家文化的歧视，如他们把当时的汉人分成了十等，即"官、吏、僧、道、医、工、匠、娼、儒、丐"，本来"官、吏、医"等阶层的人也属于儒家体系，但为了侮辱和嘲弄汉人的价值观，他们故意把"儒家"分出来置于"娼"和"丐"之间。

由于儒家思想得不到彻底的贯彻，元朝在后期产生了严重的社会矛盾和民族矛盾。仅仅经历百年的辉煌，曾经不可一世的蒙古铁骑，就不得不从中原消失了。

兼容并包的宗教情怀

熟悉《射雕英雄传》的人都会记得其中这样一个情节：暮年的成吉思汗年老体衰，他闻听"全真七子"之一的丘处

机有养生长寿秘诀，便派人下诏请丘处机前往汗帐，想向他讨教长生之术。丘处机欣然应命，率领门徒不远万里前往西域大雪山，向成吉思汗进谏治国之本。小说的描写和历史自然有一定的出入，但在历史中，这二人确实在蒙古大漠会过面。

1219年冬，成吉思汗在西征途中，听随行的中原人介绍丘处机法术超人，遣使相召。丘处机说："我循天理而行，天使行处无敢违。"遂带弟子十八人前往。历时三年，行程万里，74岁高龄的丘处机终于会成吉思汗于雪山。每每进言："要长生，须清心寡欲；要一统天下，须敬天爱民。"此说法深得成吉思汗赞赏，口封"神仙"。在丘处机的影响下，成吉思汗曾下令"止杀"。

由于与成吉思汗的这段机缘，道教在蒙古时期以及元朝初期取得了特殊的地位。元太祖十九年（1224），丘处机回到燕京，奉旨掌管天下道教，住天长观（今白云观）。同年，丘处机曾持旨释放沦为奴隶的汉人和女真人三万余人，并通过入全真教即可免除差役的方式，解救了大批汉族学者。自此，全真教盛极一时。

尽管这一时期道教尽受恩宠，但成吉思汗对其他宗教亦是同样优礼，正如志费尼在《世界征服者史》中提到的："因为不信宗教，所以他没有偏见，不舍一种而另取另一种，也不尊此而抑彼；不如说他尊敬的是各教中有学识的、虔诚的人，认识到这样做是通往宫廷的途径。他一面优礼相待穆斯林，一面极为敬重基督教和佛教。"可以说，成吉思汗是坚决主张信仰自由政策的，他在给后代的遗言中强调，对各种宗教要一律平等对待。所以在元朝建立后，各种宗教得以并存。对此，李志安先生这样说："先西征的战略选择让定都北京后的蒙元政府几乎成为一个'联合国'，忽必烈必须考虑各色人等的利益之争。"

元朝与道教的结缘是因为成吉思汗的长生情结，蒙古统治者礼遇伊斯兰教对宗教的信仰还是因为统治者念念不忘的长生情结。元代统治者要求伊斯兰教徒为其"告天祝寿"。

尽管成吉思汗时期对于佛教并未像对待道教那样极度尊崇，但同样对其采取优礼的政策。入元以后，佛教在诸教之中所受之尊礼为最，1253年忽必烈和八思巴在六盘山相见，并将其留在身边问法论道，并首先给王妃察必传授喜金刚灌顶，接着又很快为忽必烈传授了萨迦派的喜金刚灌顶。八思巴被封为国师以后，成为全国的佛教领袖。

忽必烈及其以后的元朝皇帝都崇佛，因为佛教本身具备不同于其他宗教的特点。统一后的元统治者要求各教利用自己的宗教仪式来为元朝"告天祝寿，诵经祈福"。在这方面，佛教似乎明显优于道教。元大都几十个寺院的僧侣们经常举行"诵经祈福，祝皇帝万万岁"等佛事活动，给元朝皇帝头上"绕了一圈神圣的灵光"。

对于当时佛教的盛况，孟樊鳞在《十方重阳成寿宫记》中曾有这样的感慨："呜呼！历观前代列辟重道尊教，未有如今之盛，兴作之日，四方奔走，而愿赴役者，从之如云。"

正所谓一山不容二虎，作为皇家新宠的佛教很快就与传统的宗教豪门道教发生了冲突。由于全真道教徒凭借成吉思汗玺书，在燕蓟晋北地区欺凌佛教，导致佛教与道教产生激

烈斗争。为解决两教之间的冲突，蒙哥令阿里不哥召集佛道两家进行辩论。这次辩论会上，佛教联合伊斯兰教、基督教等一神教对道士进行批驳，“李志常等义堕辞屈，奉旨焚毁伪经，还佛寺三十七所”。但蒙哥对诸教的看法是只稍稍抬高了佛教。

关于元朝的宗教政策，马可·波罗曾经借忽必烈之口说过：“全世界所崇奉之预言人有四：基督教徒谓其天主是耶稣基督，回教徒谓是摩诃末，犹太教徒谓是摩西，偶像教谓其第一神是释迦牟尼。我对于兹四皆致敬礼，由是其中在天居位而最真实者受我崇奉，求其默佑。然大汗有时露其承认基督教为最真最良之教意。”

当然，马可·波罗抬高了基督教的地位，基督教确实也已经传入了我国。基督教在我国的传播经历了很多曲折。唐太宗贞观九年（635），基督教开始传入中国，称景教，后来在唐朝会昌五年（845）被禁止传播。元朝时基督教（景教和天主教）又再次传入中国，元朝灭亡后又中断了。

元朝之所以在宗教上采取兼容并包的政策与中国的传统文化分不开。“和”是中国传统文化的特征向量，“和”的精神是一种承认，一种尊重，一种感恩，一种圆融。中国传统文化“以和为贵”，成功吸收了印度佛教，容纳了伊斯兰教和基督教，形成了历史上多民族多宗教共生共长的良性文化环境。中国现有的五种主要宗教，除了道教，其他各大宗教均是在不同时期由国外传入，在中国生根、发展。历史上，各民族和睦共处，各宗教和谐共生是主旋律。

小雅大俗——散曲和民谣

你侬我侬，忒煞情多；情多处，热如火；把一块泥，捻一个你，塑一个我，将咱两个一齐打破，用水调和；再捻一个你，再塑一个我。我泥中有你，你泥中有我；与你生同一个衾，死同一个椁。

寥寥七十余字，夫妻情深跃然纸上。这首散曲的作者是管道昇，说起她，人们可能不是很熟悉，但如果说起她的丈夫，可能不知道的人就不多了，她的丈夫就是元朝大名鼎鼎的文人赵孟頫。这是她看到赵孟頫欲纳妾而戏赠的曲子后回应的一首曲词。赵孟頫看到夫人的曲词写得如此情深义重，立即打消了纳妾的念头，夫妻相偕白首，成就了一段文坛佳话。

如果说唐诗的成就在于其恢宏大气，宋词的妙处在于其曼妙优雅，而元曲则吸收了前两者的优点，并成就自己平易谦和的特色。以这首《我侬词》为例，其中语言浅显而不鄙陋，极尽嬉笑怒骂又不失深沉。

散曲的产生有其社会原因。元朝统治者对各民族文化思想实行开放包容政策，虽然依然把儒学作为其统治思想，但其历代统治者崇信佛教、道教更甚于儒学。元代儒学统治地位的削弱、城市商业经济的繁荣、市民阶层的扩大和生活要求的提高、文人地位的急剧下降和生存方式的多样化，使得

元代文学呈现出与前代不同的新风貌。

散曲产生于金元之际的民歌俚谣。金代的词已经出现曲的特点，逐渐变得俚俗、率直、诙谐、浅白。金词对大量北方俚歌俗调的吸收，使得很多词在文学风格上已经接近后代的曲。金末元初文人没有科举取士这条路可走，于是他们就出入秦楼楚馆。而大量名妓会制乐府、唱曲，她们将民间的歌曲大量修改、传唱，导致民歌时调与文人创作结合。同时，北方少数民族相继入主中原，他们带来的胡曲番乐与汉族地区原有的音乐相结合，散曲便应运而生。

这种新诗体承继了传统诗词的因素，又具有鲜明的时代精神。从形式上看，它和杂剧中的唱词使用相同的格律形式，具有相近的语言风格，是“元曲”的一部分。“碧云天，黄花地，西风紧，北雁南飞。晓来谁染霜林醉？总是离人泪。”《西厢记》中的这个名句化用了宋范仲淹的《苏幕遮》。与诗词相比，为了适应即兴抒情和演唱的需要，散曲的形式和语言以俗为美，别具特色。在遵守固定的平仄格律的同时，散曲可根据作者的需要随意增加衬字，从一字到十数字不等。从内容上看，散曲则远远超出了传统诗词的表现范围，更多地表现了市井生活和市民心理。

“便是牡丹花下死，做鬼也风流！”这句名言是名伶珠帘秀在《正宫·醉西施·无题》中发出的呼喊，令人有石破天惊之感。元代散曲中反映妓女生活的作品非常多，正是元曲与勾栏密切相关的结果。由于礼教观念的淡薄，元代散曲在爱情题材的描写和表现上十分大胆和直白。

散曲作者以汉族士大夫为主，由于文人地位急转直下，因此元代散曲中始终弥漫着一种空幻感和凄凉感，如被誉为“曲状元”的马致远的《天净沙·秋思》：“枯藤老树昏鸦，小桥流水人家，古道西风瘦马。夕阳西下，断肠人在天涯。”仅二十八字就勾勒出一幅晚秋夕照景象和苍凉萧瑟的意境，充分表达了天涯游子的孤独与彷徨，情景交融，隽永含蕴。周德清在《中原音韵》中赞其为“秋思之祖”。王国维先生在《人间词话》中称赞它“寥寥数语，深得唐人绝句妙境”。

与诗词相比，元代散曲取得了雅俗共赏的效果，既满足了以市民阶层为主体的下层百姓的娱乐需求，又为文人增加了新的表情达意的艺术形式。

民谣也是在元朝影响深远的一种艺术形式。众所周知的“莫道石人一只眼，此物一出天下反”的民谣，就是韩山童、刘福通等农民领袖于大起义前夕在民间散布的动员群众的宣传工具。民谣主要是在元朝封建统治日益腐败，黎民百姓怨声载道时，为讽刺贪官污吏所作。

元代民谣十分丰富多彩，流传至今的民歌达一百多首。这些民谣如实地反映了元代劳动人民的悲惨处境和社会的黑暗。

元代著名民谣“一里窑，五里焦”，反映了当时元政府为了烧制瓷器而残酷盘剥百姓的现实。

在老百姓看来，失去民心的政府，每干一事都是坏事，因而把“变钞开河”与农民起义联系在一起是十分正常的。当时民间有诗嘲曰：“丞相造假钞，舍人做强盗。贾鲁要开河，搅得天下闹。”

有些民谣反映了当时元朝的社会状况："四川人，生得奸，汉中调龙安。管你干不干，搭个广元县（今广元市）。"

这是千百年来流传在川北地区的一句民谣，反映了元代初期川、陕建省时的一次行政区划调整。

元代散曲和民谣的发展使高高在上的文学艺术进入民间，使文学日渐通俗化。伯颜死后，朝廷籍没其家，数月清算不尽，民间有人题诗于壁云：

百千万锭犹嫌少，垛积金银北斗边。

可惜太师无运智，不将些子到黄泉。

用讽刺挖苦的语言把伯颜贪婪的本性淋漓尽致地刻画了出来。元曲和元代民谣的发展无疑为以后明清小说的繁荣铺平了道路，成为明清小说繁荣的先声。

元代文人的精神画苑

《儒林外史》一书中共出现了一百多个人物，小说通过这些人物的故事来揭露封建科举制的种种弊端，讽刺封建人物的种种丑态。可以说全书大多数人物都是反面人物，但还是有一位正面人物，就是《儒林外史》之第一人——王冕。"凡桃俗李争芬芳，只有老梅心自常。"这两句诗出自王冕的《题墨梅图》。

元代绘画以山水画为最盛，其创作思想、艺术追求、风格面貌均反映了当时画坛的主要倾向，对后世的影响也十分深远。元初山水画家对传统山水画进行了认真探索，并托复古以寻求新路。元朝画家以他们各自的创新风格和简练超脱的艺术手法，把中国山水画发展到了一个新阶段，其中最具代表性的画家便是王冕。

王冕是元代著名画家、诗人。《明史》记载：王冕白天放牛，晚上到附近佛寺长明灯下读书。有一天，王冕把牛放到野地吃草，自己跑到私塾里去听老师讲课，结果把牛丢了。他的好学精神感动了会稽一位叫韩性的读书人，韩性遂收王冕为徒，教他读书作画。王冕中年时游杭州、逛金陵，然后渡长江，跨淮河，经徐州、济南到达大都。长途跋涉，使他的视野和胸襟大大开阔。由于王冕的诗画风格特异，不同凡响，声名鹊起，他经常讥讽元朝统治者，险些入狱。后来，他被迫隐姓埋名在家乡九里山蛰居，他在自己居室周围种植了上千株梅树，数百棵桃树和杏树，自题为“梅花屋”。

王冕画了很多《墨梅图》，其中有一幅画上题诗：“吾家洗砚池头树，朵朵花开淡墨痕。不要人夸好颜色，只留清气满乾坤。”诗画相配，表露出画家淡泊名利，不愿与统治者同流合污的高尚情操。

王冕的画体现了元朝绘画的显著特点。元代绘画在唐、五代、宋的基础上，有了显著的发展，特点是取消了画院制度，文人画兴起，人物画相对减少；绘画注重诗书画的结合，舍形取神，简逸为上，重视情感的发挥，审美情趣发生了显著的变化，是中国画的又一次创造性的发展。

元代绘画中，文人画占据画坛主流。文人画是画中带有文人情趣，画外流露着文人思想的绘画。王国维先生在《人间词话》里说：“境非独谓景物也。喜怒哀乐，亦人心中之

一境界。”元代画家笔下所造的“境”，不仅将自己和风景相沟通，也将看画的人和风景相沟通，还将画家、风景和观画人三者相沟通。

陈衡恪先生解释文人画时讲“不在画里考究艺术上的功夫，必须在画外看出许多文人之感想”。元代画家的创作比较自由，大多表现自身的生活环境、情趣和理想。作品强调文学性和笔墨韵味，重视书法用笔入画和诗、书、画的三结合。在创作思想上继承北宋末年文同、苏轼、米芾等人的文人画理论，提倡遗貌求神，以简逸为上，追求古意和士气，重视主观意兴的抒发。赵孟頫是其中比较典型的一位。赵孟頫，字子昂，宋太祖之子秦王赵德芳的后人。他博学多才，能诗善文，懂经济，工书法，精绘艺，擅金石，通律吕，解鉴赏。他的书法和绘画成就最高，开创元代新画风，被称为“元人冠冕”。在绘画上，他山水、人物、花鸟、竹石、鞍马无所不能；工笔、写意、青绿、水墨，亦无所不精。他在我国书法史上也占有重要的地位。其书风遒媚、秀逸，结体严整、笔法圆熟，世称“赵体”。他与颜真卿、柳公权、欧阳询并称为“楷书四大家”。作为一代书画大家，他经历了矛盾复杂而荣华尴尬的一生。赵孟頫一生历宋元之变，仕隐两兼。他虽为贵胄，但生不逢时，他青少年时期南宋王朝已如大厦将倾，是在坎坷忧患中度过的。宋灭亡后，他归故乡闲居。元至元二十三年（1286）行台侍御史程钜夫“奉诏搜访遗逸于江南”，赵孟頫等十余人，被推荐给元世祖忽必烈。初至京城，赵孟頫立即受到元世祖的接见。元世祖赞赏其才貌，惊呼其为“神仙中人”，给予其种种礼遇。他作为南宋遗逸而出仕元朝，以至于史书上留下诸多争议。尽管很多人因赵孟頫仕元而对其画艺提出非难，但是将非艺术因素作为品评画家艺术水平高低的做法，是不公正的。鉴于赵孟頫在美术与文化史上的成就，1987年，国际天文学会以赵孟頫的名字命名了水星环形山，以纪念他对人类文化史的贡献。散藏在日本、美国等地的赵孟頫书画墨迹，都被人们视作珍品妥善保存。

在元朝的画作中，有一幅绝对值得后人特别关注。这幅画因为它自身的魅力而使其具有了无数的传奇故事，这就是《富春山居图》。

相传明朝年间，一户人家将一卷卷画册不断地投入火中，火越来越旺，一家人只能痛苦而无奈地在一旁叹息，当最后一幅画被投入火中时，从人丛中跳出一个人，抽出这幅画，转身逃走了。这个人拿走的这幅画就是黄公望的名作《富春山居图》。这幅画自传世以来，就被历代文人所珍视。此画在明清两代，曾为许多人收藏。明代万历年间为宜兴吴正志所有。吴正志传给他的儿子吴洪裕，洪裕爱若至宝，寝食与共，临死前竟将此图投入火中，“殉以为葬”，幸而被他的子侄吴静庵从炉火中抢救出来。

虽然这幅画幸免于难，但前面已经烧去了一些。吴家把第一节烧剩的部分裁割下来，从此，这一图卷就分成了长短两段。长的一段历经流转，后归故宫博物院，中华人民共和国成立前被国民党运往台湾。短的一段被称为《剩山图》，1956年上海国画院举办宋、元、明、清名画展时，才和广大群众见面。

从黄公望笔下的“森林公园”，我们可以看到《富春山居图》中连绵起伏的丘壑，竟与现实如此相似。那白鹤村里长满了错落有致的各种树木，也仿佛都按图卷里移植下来一般。从心理学角度看，这是最能引起共鸣的。而富春江两岸的风光，又恰好进入他以往的审美理想之中。所以，师传统与师造化在这幅杰作中完美地结合在一起。《富春山居图》像一张画家的“心电图”，既充分体现了他清冷明洁的道家风骨，又表现出其儒家士大夫从容不迫的严正步履。这也许就是他被推为元四家之首，及数百年来在山水画史上被奉为“南宗正脉”的原因。

元文人画的兴起和发展，使传统绘画从侧重客观物象的描摹转向注重主观精神的表现，以情构境、托物言志的创作倾向促进了意境理论和实践的发展。由于复杂的民族关系，元代文人比前代文人有更多的背负，更复杂的情感，也就需要更多的寄托，这使他们能够借助画笔在中国绘画史上涂上浓墨重彩的一笔。

专栏

《西厢记》真是王实甫所作吗

元代戏剧《西厢记》是我国古典戏曲史上的一株奇葩，作者以现实主义的创作手法，为我们描绘了书生与相国女儿恋爱的故事。这为后来以爱情题材为主的文学创作提供了直接借鉴，如汤显祖的《牡丹亭》、曹雪芹的《红楼梦》都从它那里吸取了反封建的民主精神，激励青年男女不畏强权，追求美好爱情。但是，谁创作了这部影响千年的戏曲名著，历来有不同的说法。

普遍认为《西厢记》为元代杂剧作家王实甫所著。元末钟嗣成的《录鬼簿》、明初朱权的《太和正音谱》都支持此种观点。也有人认为作者系关汉卿，更有人提出《西厢记》为王实甫和关汉卿合写，只不过存在“王作关续”和“关作王续”的问题。

近年来经过研究者大量翻阅文献资料，又得出新的结论：《西厢记》前四折为王实甫所作，第五折由元朝的民间艺人加工而成。

其理论依据是：一般说来，元杂剧是一本四折，每人负责唱一折，而现存的《西厢记》却有五折，打破了原有限制。如果说这是王实甫力求创新的结果，但是前四折和第五折的创作风格、语言运用，甚至主题思想也大不相同。第五折所用的曲调完全打破了前四折用北

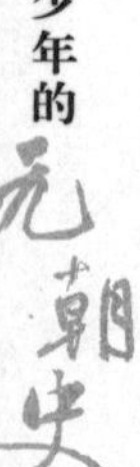

曲联套的习惯，唱法也发生改变，自由运用声腔。之所以出现这种情况，是因为元曲创作阵地南移杭州受南戏的影响，由元代后期作曲家加工整理。而且，就前四折来说，如果《西厢记》至此结束，不仅符合中国传统戏剧的结构特点，而且以悲剧结尾，改变了当时戏曲作品以大团圆为结局的老套戏路。无论其思想性还是艺术手法，都要高同期作品一等。所以说王实甫创作了《西厢记》的前四折，第五折由元朝末年民间艺人加工而成。

探究《西厢记》的作者是谁，这对正确分析《西厢记》的思想性和艺术性有重要意义，也可以帮助我们认识中国古典戏剧在元代的发展状况。

第九章 落日丧钟，帝国不再

元朝，这个曾经几乎征服了整个欧亚大陆的超级王国，也迎来了它最后的归宿。历史总是以其独特的方式前行，王朝的兴衰原属正常，只是这个王朝的确太短命。即使它曾经富有四海，广有两洲又能如何？

作为唯一一个堪与开国皇帝忽必烈执政年限相媲美的皇帝，元顺帝无疑是元朝皇帝中的幸运者，然而，也正是这位在位时间最长的君主，听到了大元帝国悲凉的丧钟。虽然亡国的黑锅不能让顺帝一个人背负，但他也确实不是一个励精图治的中兴君主。也曾辛苦起五更，转眼便闻亡国音。

也曾辛苦起五更

马上得天下，但绝不能马上治天下，这是历朝历代提炼出来的千古箴言，而蒙元正是犯了这样的错误。

黄仁宇先生在《中国大历史》一书中说：“中国人常说蒙古人在马背上得天下，也企图在马背上治理天下，这种批评有事实的根据。可是要是说成吉思汗之子孙完全忽略经理上的问题，则与情况相左了。”因为元朝也曾有统治者悉心研究如何管理这个多民族、大疆域的帝国，比如皇帝忽必烈，比如权臣脱脱。然而，地缘政治的限制和复杂矛盾的冲突，使得元朝当政者无法将各朝遗留的执政碎片有机拼合组成一个有效的国家机器。

王朝由盛而衰是难逃的宿命，但中国的好几个朝代也曾出现过“中兴”时期，让王朝步入第二春，在元朝也曾出现过一抹曙光，只可惜转瞬即逝，之后便是更为压抑的黑暗。这种光明与黑暗的鲜明对比便出现在大元的末代皇帝——元顺帝的执政时期。

《元史》关于元朝帝王的本记一共四十七卷，而顺帝一个人就占了十卷，接近四分之一的篇幅，因为同其他短命的皇帝相比，元顺帝稳居宝座的时间的确长了很多。元朝一百多年的历史中共有十一个皇帝，第一个皇帝世祖忽必烈从称帝之日算起，在位三十四年，此后的九个皇帝一共只经历了三十八年，而最后一个皇帝孛儿只斤妥懽帖睦尔却在位三十五年之久。

忽必烈之前，蒙古的汗位由几大部落推选，忽必烈以武力称帝后，规定以后皇位的继承，可以父死子继，也可以兄终弟继，下任皇帝由现任皇帝指定。因此，顺帝的父亲明宗与弟弟文宗便颇有一番真情或假意的退让。最后的结局是，明宗在去往大都当皇帝的路上莫名猝死，真相扑朔迷离，莫衷一是。妥懽帖睦尔作为明宗的长子而非嫡子，在父亲死后，一度被放逐到高丽（今朝鲜）大青岛和广西静江。

文宗死后，皇帝之位几经周折，由于先前太子阿剌忒纳答剌的身亡，文宗的皇后卜答失里执意遵照先帝遗嘱让明宗的儿子继承皇位，不料即位的明宗嫡子懿璘质班没过多久也病故了。在卜答失里心中，这皇位多少有些不吉祥，或许也是大权旁落的疑虑，她坚决反对立小儿子燕帖古思为帝，因为燕帖古思不是她的亲生子，又是权臣燕铁木儿的义子。

在皇后的固执之下，燕铁木儿也没了脾气，于是妥懽贴睦尔便登上了皇帝之位。卜答失里究竟是怎样打算的，后人不得而知，或许是想用明宗的儿子冲冲皇位的杀气吧。但她没有料到的是，妥懽贴睦尔这皇位一坐就是三十多年。

要说元顺帝也不容易，自即位时起，他身边便没少了把持大权的重臣。

自从世祖忽必烈之后，元朝只有一个皇帝以赫赫战功稳坐龙廷即顺帝的祖父元武宗海山，武宗解除了元帝国在西北部的威胁，也成就了手下的三个部属，即燕铁木儿、康里脱脱和伯颜。康里脱脱早死，燕铁木儿和伯颜则成了影响几朝的权臣，着实让顺帝头疼不已。

燕铁木儿死后，其子唐其势也加入了夺权之战。为了压制燕铁木儿家族的势力，顺帝大力提拔伯颜。政治也就是那么回事，不是东风压倒了西风，就是西风压倒了东风。清除了唐其势等燕铁木儿家族的残余势力后，伯颜的气焰日渐高涨。顺帝于是故技重施，利用伯颜的侄子脱脱再次将权倾天下的伯颜扳倒。

德国汉学家赫伯特曾说，伯颜确定是反对中国人的，因此他与年轻的皇帝冲突激化，而皇帝倒向其他对中国传统多少有些关心的蒙古官员。其实，这也多少表明了顺帝与伯颜在治国方面的矛盾。伯颜初当宰相，辅佐顺帝，遵循旧章，提倡农事，减除杂徭盐税，赈济饥民，还算是个明相；但诛杀唐其势之后，伯颜开始专政恣肆，肆行贪暴。任命的官员多向伯颜行贿，天下贡赋多入伯颜家，省、台、院官多出其门下。伯颜作为蒙古蔑儿乞部的贵族，在草原贵族的支持下，极力排斥汉人官员，日渐跋扈，连顺帝也不放在眼中。

伯颜的侄子脱脱虽为伯父一手教养，却对汉族文化颇为看重，因此后来掌权的脱脱着实进行了一番改革。

黄仁宇先生在《赫逊河畔谈中国历史》中说：“中国的好几个朝代，都有‘中兴’一事。大概朝代初年的军制和财政税收，到中期已失时效，中兴需要一番挣扎，一般新的安排或是改组，或是局部的修正，都要通过社会的中层才能透到基层机构的民间里去，这时候不是朝廷的一纸通令可以达到目的，也不是全靠军事行动所能生效，民间对朝代的信心，常有左右全局的可能。在这里我们也可以断言蒙古人的元朝没有通这一关。要不是过去的纪录太坏，人心离散的话，顺帝这一朝，有脱脱的领导力量，修辽金宋三史，修贾鲁河，使黄河入故道，又有扩廓贴木儿的军事领导力量，朝廷又一度使方国珍降伏，恢复海运，看样子并不是全无中兴的希望。”脱脱在顺帝的支持下推行“更化”政策后，朝政为之一新，“中外翁然称为贤相”（《元史·脱脱传》）。顺帝也开始用心攻读圣贤书，裁减宫女、宦官，节省御膳、御装，关心政治，常在宣文阁与大臣商谈国是。广大汉族和其他少数民族知识分子因受到重用，多“知无不言，言无顾

忌”（《元史·苏天爵传》），欢呼“至正宾兴郡国贤，威仪重见甲寅前”，准备在“至正中兴”中一显身手。

然而，顺帝与脱脱在才能与气魄上都有些缺陷。脱脱在治国方面有些心有余而力不足，虽然上台之初，他在一定程度上改变了伯颜的排汉政策，恢复了科举取士，重开经筵，又修《宋史》，提倡文治和经史，但在国家的大政方针上他并没有多少建树，改革措施流于表面而未触及根本，结果必然以失败告终。

如果只从前面来看，元顺帝以一介孤儿的身份登位，在孤单无援的情况下，化解了多次权臣逼宫的危机，实属不易，让人不禁想到了康熙。然而，顺帝的温平却让他甘于沉浸在后宫的温柔乡中，又如何能够承担中兴大任呢？

石人一只眼，挑动黄河天下反

脱脱虽然才能有限，但终究给大元带来一丝“中兴”的希望，脱脱第一次当政期间，连顺帝也大有励精图治、大干一场的意思。谁知，此时，政治纷争又开始了。脱脱执政不到4年，便因政敌的攻击，于1344年被迫辞相。之后的5年中，元朝的政治机体日益腐化，问题丛生。顺帝不得不于至正九年即1349年再次任命脱脱为相。

脱脱二次为相后，面临的是个难以收拾的烂摊子，而他自身的短板也在这时暴露无遗，治河与变钞两项举措，看似英明，实为败笔。邱树森先生在《元朝史话》中说：“如果说，元末农民起义是元朝社会矛盾发展的必然结果，那么，‘开河’和‘变钞’就是这次大起义的导火线。”

至正四年（1344）五月，大雨下了二十余日，致使黄河暴溢，北决白茅堤（今河南兰考东北）、金堤。沿河郡邑，包括山东、江苏、安徽、河南、河北等诸多州县均遭水患。黄河泛滥如此严重，受害地区如此之广阔，是河患史上所罕见的。由于当政者没有采取果断的治河措施，水势不断北侵。到至正八年（1348）正月，河水又决，北侵汇入运河，河间、山东两盐运司所属几十个盐场也面临覆灭的危险。

河患使得社会矛盾尖锐，河泛区“所在盗起，盖由岁饥民贫”，大批流民涌入长江下游，“沿河盗起，剽掠无忌，有司莫能禁”，起义此起彼伏。《元史·顺帝纪四》中记载：监察御史张侦惊呼：“灾异迭见，盗贼蜂起……若不振举，恐有唐末藩镇噬脐之祸。”天灾人祸使得全国上下一片混乱，此时的官吏却纷纷浑水摸鱼，贪污盘剥，中饱私囊。民间有诗嘲笑顺帝派出的反腐倡廉的廉访司官员：“解贼一金并一鼓，迎官两鼓一声锣。金鼓看来都一样，官扔穗贼不争多。”时人叶子奇说：“及元之将乱，上下诸司，其滥愈甚。”

苛税赋役如猛虎，处于水深火热的农民纷纷揭竿而起。面对日益激化的民族矛盾和阶级矛盾，脱脱采取了两项措施：变钞和治河。让脱脱预料不到的是，这两项“妙策”反而使元朝步入深渊。

世祖至元后期以来，国库严重空虚，入不敷出，财政渐见拮据，纸币发行量猛增。几代皇帝积累的纸币印量到了至

正年间濒临崩溃，加之伪钞横行，钞法几被破坏殆尽。至正十年（1350），在脱脱的大力支持下，开始变更钞法。

用旧日的中统交钞加盖“至正交钞”字样，新钞一贯合铜钱一千文或至元宝钞两贯，两种钞并行通用，而中统交钞的价值比至元宝钞提高一倍。《元史·食货志五》中记载：“每日印造，不可数计。舟车装运，轴轳相接，交料之散满人间者，无处无之，昏软者不复行用。”这一举措造成的后果可想而知：恶性通货膨胀。“京师料钞十锭易斗粟不可得……所在郡县，皆以物货相贸易，公私所积之钞，遂俱不行。”（《元史·食货志五》）到至正十六年（1356）时，纸币“绝不用，交易唯用铜钱耳。钱之弊亦甚……且钱之小者，薄者，易失坏，愈久愈减耳”。这种以钞买钞，治标不治本的方法，非但没能解决问题，还使得社会愈加动荡不安。

治河问题更体现出脱脱的短视，他采取都漕运使贾鲁的治河方案：“疏南河，塞北河，使复故道。”当时，工部尚书成遵等出面抗争，脱脱力排众议。《元史·成遵传》中记载成遵力主黄河故道不可得复，说：“济宁、曹、郓，连岁饥馑，民不聊生，若聚二十万人于此，恐日后之忧，又有重于河患者。”事实胜于雄辩，结果证明成遵看得更准。

至正十一年（1351）四月初四，顺帝正式批准治河，下诏中外，命贾鲁为工部尚书兼总治河防使，发汴梁、大名十三路民十五万人，庐州（今安徽合肥）等地戍军十八翼二万人供役。四月开土，七月完成疏浚黄河故道工程，开始堵塞黄河故道下游上段各决口、豁口，修筑北岸堤防。八月二十九日放水入故道。九月初七，贾鲁用船堤障水法开始堵水工程，至十一月十一日终于使龙口堵合，“决河绝流，故道复通”。

治河取得了成功，脱脱原本可以成就千古美名，孰料，北方白莲教首领韩山童及其教友刘福通等决定抓住这一时机，一面加紧宣传“弥勒下生”“明王出世”，一面又散布民谣“石人一只眼，挑动黄河天下反”，并暗地里凿了一个独眼石人，埋在即将挖掘的黄陵岗附近河道上。独眼石人挖出后，河工们惊诧不已，消息传出，大河南北，反抗的烈火顿时燃起。正是“莫道石人一只眼，此物一出天下反”。时人作诗云：“丞相造假钞，舍人做强盗。贾鲁要开河，搅得天下闹。”又有《醉太平·小令》称：“堂堂大元，奸佞专权，开河变钞祸根源，惹红巾万千。”

变起一朝，祸积有素，变钞与开河并非元朝生变的根源，但的确是起义的催化剂。此后，元朝忙着平叛，忙着肃乱，也忙着窝里斗，忙得不亦乐乎，败得一塌糊涂。当脱脱忙着镇压起义并渐有起色时，一场导致他政治生涯结束的厄运降临到他头上。皇太子因不满“未授册宝之礼”，而支持顺帝宠臣哈麻弹劾脱脱，致使脱脱被革职流放，至正十五年（1355）年底，脱脱死于毒酒。脱脱的死使得他殚精竭虑修补的元王朝统治堤坝再度崩塌，此时，离元王朝的毁灭已经不远了。

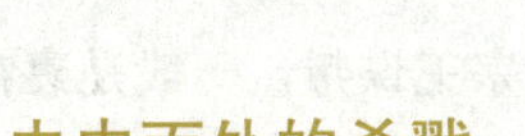

由内而外的杀戮

正当外面乱成一锅粥时，元朝内部也频生波澜。元朝统治集团的内斗，从成吉思汗时就一直没有停息，铁木真在统一蒙古诸部的内战中，就有过以铁镬七十只烹煮俘虏的事情。

就在石人挑动天下反之后，红巾军如火如荼燃烧了大片国土，这使顺帝不得不向镇守北方的诸位蒙古宗王下诏，让他们起兵南来帮助朝廷灭寇。没想到镇守北藩的蒙古宗王阳翟王阿鲁辉帖木儿却趁火打劫，拥众数万，裹挟当地几个宗王一起造反，并派使臣入大都呵斥元顺帝："祖宗以天下付汝，汝何故失其大半？何不以传国玺授我，我来坐帝位！"

乱军当前，深知不能硬来的元顺帝放低姿态，温言劝说，希望能化干戈为玉帛。态度强硬的阳翟王不为所动，妄图染指中原。顺帝只得强打着精神，派兵迎击。第一次派出的将领秃坚帖木儿是个中看不中用的绣花枕头，他所强征的哈剌赤人更是外强中干，临阵丢盔弃甲，争相投敌，秃坚帖木儿全军覆没，"单骑还上都"。

之后，顺帝采用离间之法，利用阳翟王之弟忽都帖木儿扰乱阳翟王帖木儿的军心，同时出兵讨逆的将领老章更是以金钱珠宝开路，买通阳翟王的手下和被裹挟的宗王，结果，阳翟王窝里反，其部将脱欢反水，阿鲁辉帖木儿被五花大绑押送大都。到此，顺帝对这场"本是同根生，相煎何太急"

的内乱处理得一直很得体，不料，到了最后关头，却来了个败笔。依据旧制，宗王谋叛，一般是裹在毛毡中摇死、用马踩死或者用大弓弦绞死，名曰“赐死”，即不使黄金家族的“神圣”血液被泥土玷污。元顺帝却被仇恨蒙了心，一纸诏书将阳翟王押至闹市砍头。黄金家族的北边诸王知道后心生隔阂，日后都对大都元廷的存亡睁一只眼闭一只眼。

此后多年，元朝的正规军与杂牌军一直在北方相互绞缠，杀得你死我活。正因为此，江南的朱元璋赢得了时间，从容不迫，步步为营，先后消灭陈友谅、张士诚、方国珍、陈友定等人，势力范围越来越大。

黄仁宇先生在《赫逊河畔谈中国历史》中说：“元朝的最后十年内，宫廷多阴谋，能作战的将领则被处死，也和多数民族所主持之朝代覆亡如出一辙，最后只剩了一个扩廓帖木儿（王保保）。朱元璋也称他为‘奇男子’，可是为时已晚，只能随着‘北元’的流亡政府效忠于塞外。”

然而，就是这位朱元璋一直招降不成的“奇男子”，也曾在外患不绝的紧急关头忙于内战。就在北方元军诸部自相残杀之时，至正二十七年（1367）年底，朱元璋正式开始了北伐。明军势如破竹，逼向大都。

在这紧急关头，顺帝只得不顾以前的猜忌再度倚重王保保，不料王保保并未遵诏抗敌，而是向云中（今山西大同）方向进发。其帐下将领有不少狐疑者，问：“丞相您率兵勤王，应该出井陉口向真定（今河北正定），与在河间的也速一军合并，如此可以截阻南军。如果出云中，再转大都，迂途千里，这怎么能行？”王保保敷衍道：“我悄悄提军从紫

荆关入袭，出其不意，有什么不好？”倒是他身边谋士孙恒一语挑明：“朝廷开抚军院，步步要杀丞相。现在事急，又诏令我们勤王。我们驻军云中，正是想坐观成败！”进言者听此话，只得默然。

元廷危在旦夕，诸部将领却纷纷作壁上观，结果可想而知。大都即将被攻克前，顺帝在清宁殿召集三宫后妃、皇太子等人，商议出京北逃。左丞相失烈门等人谏劝，一名老太监更是叩头哀号：“天下者，世祖之天下，陛下当在死守，奈何弃之！臣等愿率军民及诸卫士出城拒战，愿陛下固守京城！”无奈顺帝一心逃命，不予理会。

公元1368年阴历七月二十八日夜，元顺帝率皇后、皇太子等人出居庸关，逃往上都方向。八月三日，明军攻入大都城，元朝灭亡。元顺帝在一年多后因患痢疾病死，终年51岁，庙号“惠宗”。朱元璋则“以帝知顺天命，退避而去，特加其号曰顺帝”。是表彰还是嘲讽，如人饮水，冷暖自知。

元廷覆灭后，当初只顾保全自身的王保保反倒忠贞不贰，追随北元朝廷，跟朱元璋执着地打着游击。《明史·扩廓帖木儿传》中有这样一个典故：洪武初年岭北和林战役结束后不久，有一天明太祖朱元璋大宴众将领时突然问大家：“天下奇男子谁也？”众人都回答说：“常遇春是也。遇春将不过万人，横行无敌，真奇男子也。”太祖笑着说：“遇春虽人杰，吾得而臣之。吾不能臣王保保，其人，奇男子也。”

朱元璋曾多次派人去漠北招降王保保，都未能成功。《新元史·李思齐传》中说：割据关中的李思齐在洪武初年投降了明朝，奉朱元璋之命前往漠北。王保保对李思齐这位老朋友"待以宾礼"，觥筹交错之后，派兵士送李思齐回国。到了边境，兵士说："主公有命，请留一物为别。"李思齐说："我远来无所齑。"士兵说："那就留条胳膊吧。""思齐知不免，断臂与之。还，未已卒。"

洪武八年（1375）八月，即元宣光五年八月，天下"奇男子"扩廓帖木儿去世。《明史·扩廓帖木儿传》载："其后，扩廓从其主徙金山，卒于哈喇那海之衙庭。其妻毛氏亦自经死。盖洪武八年也。"随后，他苦苦支撑的北元也在不久之后在明军和瓦剌的打击下覆亡。

世人对于蒙古人出身的王保保的忠贞如此赞誉，实在令人狐疑。既有今日，何必当初，窝里斗得如此热闹，等鹬蚌相争渔翁得利之后再故作姿态，又有什么用呢？

宫阙万间都做了土

峰峦如聚，波涛如怒，山河表里潼关路。望西都，意踌蹰。

伤心秦汉经行处，宫阙万间都做了土。

兴，百姓苦；亡，百姓苦！

这是元代汉族文人张养浩的《山坡羊·潼关怀古》。在元代的汉族文人中，仁宗年间的张养浩或许还是幸运的。他年轻时即步入仕途，得人赏识，后来成为一般汉人难以企及的高官，却没有沦落于官场泥淖之中。他因直言进谏而屡遭

排挤，历经宦海浮沉，看透官场险恶，于知天命之年辞官荣归故里。此后，十年之中，元廷七次征召，他都力辞不就。

文宗天历二年（1329），“关中大旱，饥民相食”，元廷再度征召张养浩为陕西行台中丞，这次是趟苦差，张养浩却欣然领命，因为这次救灾功在黎民。年已六旬的张养浩，鞠躬尽瘁，散尽家财，终因积劳成疾而死于任所。如今，他留给后人的是不朽的文字与岁月的记录。

途经洛阳时，他写下：

天津桥上，凭栏遥望，舂陵王气都凋丧。
树苍苍，水茫茫，云台不见中兴将，千古转头归灭亡。
功，也不久长！名，也不久长！
——《山坡羊·洛阳怀古》

当他走到骊山时，眼前是：

骊山四顾，阿房一炬，当时奢侈今何处？
只见草萧疏，水萦纡，至今遗恨迷烟树，列国周齐秦汉楚。
赢，都变做了土！输，都变做了土！
——《山坡羊·骊山怀古》

在咸阳，他感慨道：

城池俱坏，英雄安在？云龙几度相交代！
想兴衰，若为怀，唐家才起隋家败，世态有如云变改。

疾，也是天地差；迟，也是天地差！

——《山坡羊·咸阳怀古》

途经渑池，他又想起：

秦如狼虎，赵如豚鼠，秦强赵弱非虚语。
笑相如，大粗疏，欲凭血气为伊吕，万一座间诛戮汝。
君也，谁做主？民也，谁做主？

——《山坡羊·渑池怀古》

元曲仿佛一扇窗，推开便可见当时的景象。张养浩笔触豪放，读来悲壮，正如元朝的风云变幻，兴亡盛衰。统治者的享乐纵欲以及他们的家天下的兴亡，都是建立在百姓的血泊泪海之上。

蒙古人将他们的草原文明带到中原，与中原的农耕文明发生激烈的碰撞。法国著名汉学家谢和耐在《蒙元入侵前夜的中国日常生活》导言中说："蒙古人的入侵形成了对于伟大的中华帝国的沉重打击，这个帝国在当时是全世界最富有和最先进的国家。在蒙古人入侵的前夜，中华文明在许多方面都处于它的辉煌顶峰，而由于此次入侵，它却在其历史中经受着彻底的破坏。"

元人评价当时的税收说："割剥民饥，未见如此之甚！"元朝后期"酒课、盐课、税课，比之国初，增至十倍。征需之际，民间破家荡产，不安其生"。宋元之际的诗人汪元量作诗《利州》："云栈遥遥马不前，风吹红树带青

烟。城因兵破悭歌舞，民为官差失井田。岩谷搜罗追猎户，江湖刻剥及渔船。酒边父老犹能说，五十年前好四川。”

朱门酒肉臭，路有冻死骨。当百姓在战乱、天灾、暴敛中苦苦挣扎之时，蒙古的贵族在内讧，将领们在乱战，皇帝在做工匠。

亡国君主元顺帝有一个同明熹宗朱由校相似的嗜好。他酷爱工匠建造，而且技艺高超远胜过其治国之术，在京师还享有“鲁班天子”的美誉。他亲手为近臣刻削屋宇的模型，做得巧夺天工，模型上镶嵌了许多珍奇的宝石，然后让近臣依照模型建造房子。当他询问如何时，内侍们便假言：“这屋宇比不上某某家精美。”顺帝便随手将模型毁弃了重新做，内侍们则趁机从模型上抠下珠宝。

顺帝还建造了清宁殿，以及前山、子月宫等穷极奢华的殿宇，他还在内苑亲自设计制造龙舟，龙舟移动时龙首及口眼爪尾皆可活动，栩栩如生。顺帝不禁感叹：“难怪隋炀帝游江都乐而忘返呢！”仅此一句话，即为亡国音。

宫阙万间都做了土，雕梁画栋又如何？

兵荒马乱中，百姓流离失所；繁华享乐时，百姓来埋单。纵览元朝雄图，最苦的还是百姓。

何处来，回何处去

1368年，享国运不足百年的元朝被朱元璋推翻，末代皇帝元顺帝妥懽帖睦尔率领着王族和残军撤到自己祖先兴兵之地——蒙古高原。正是：从何处来，回何处去。

当初，成吉思汗近乎疯狂的扩张使得蒙古帝国幅员辽阔，汗国、部落林立，元朝版图仅为蒙古帝国的一部分。元朝的皇帝同时也是蒙古帝国的大汗，对于蒙古各大汗国和部落享有宗主权。元廷覆灭，蒙古帝国失去了中国的大好河山，但帝国仍在，顺帝退至上都后所保有的政权史称北元。

黄仁宇先生在《中国大历史》中写道："元朝的第十一个皇帝，他倒在位三十五年，可是他也是元朝的最后一个皇帝，在明军入大都时奔回漠北，使元朝在中国历史里成为一个被驱逐出境的朝代。"

此时的元朝，已不复当年辉煌，沦为流亡政权。此时的上都宫阙府衙先前曾遭红巾军一部劫掠焚烧，到处是残垣断壁，四处是瓦砾。仓皇北归的打击，让这位对汉文化有所涉猎的皇帝难抵"国破山河在"的愁绪。汉人的治国之术他只学了个皮毛，"去国怀乡"的哀怨倒学到了精髓。1370年5月23日，仓皇郁闷兼而有之的顺帝在沙拉木伦河畔的应昌去世。

元顺帝的儿子爱猷识里达腊获悉父亲去世的消息后，便在哈拉和林继位，史称北元昭宗。作为北元的第二位皇帝，他将残元政权又维持了八年，并厉兵秣马盼望着有朝一日重登中国皇位。然而，这一切随着深入蒙古地区的明朝军队的攻击而逐步成为可望而不可即的海市蜃楼。

1372年，明朝大将徐达率军攻向蒙古黄金家族的大本营——哈拉和林，对于这个象征着蒙古人权力和荣耀的地方，蒙古人誓死护卫。然而，被誉为"万里长城"的徐达所

向披靡，爱猷识里达腊绝望了。明朝大军因战线过长，后援不继，于土拉河畔止步。六年后，爱猷识里达腊怀着满腔遗憾去世，其子脱古思帖木儿继位，这位第三任北元皇帝所能控制的领土已经缩小到蒙古帝国最初兴起时的规模，不由得令人感叹。想当年，金戈铁马，气吞万里如虎；到如今，苟延残喘，低头俯居人下。1388年，一支十万人的明朝军队在大将蓝玉的率领下在合勒卡河和克鲁伦河之间、贝加尔湖南岸大败脱古思的军队，残元诸王、平章以下官员三千多人及军士七万余人被俘，脱古思帖木儿逃走后被其部将缢杀，黄金家族辉煌不再。

百年前，蒙古军队犹如上帝之鞭，铁马长弓，凭着一腔原始的豪情，以极少的人数，完成了人类历史上史无前例的征服。百年后，蒙古铁军被汉人军队逐步击溃，如同摧枯拉朽，退回了当初的水草地，真是“此一时，彼一时”。

明太祖朱元璋成为元朝的终结者，在之后提及“胡元制主”之时，他也深带着汉人民族主义的苦大仇深，然而，他依旧将元世祖忽必烈的牌位供奉在历代帝王庙内，与汉、唐、宋创业之主并列，一同祭祀。一代开国帝王的考量无疑是对的，虽然元朝未能在统一中远迈汉唐，但毕竟以一个帝国的气魄打出了一个开阔的格局。

专栏

生存之后才能生活的元顺帝

孛儿只斤妥懽帖睦尔，史称元顺帝。这个元朝末代皇帝的一生，可以说是“跌宕起伏”“命运多舛”。1330年，其母亲罕禄鲁氏因宫廷阴谋而被杀，10岁的妥懽帖睦尔即被政敌流放。黄仁宇先生为我们今日之读者勾勒出了这位少年的远徙图：“他首先住在朝鲜北部的一个岛上，次安置于今日之广西桂林。”

考虑到这位蒙古少年所处的境地，可以想见，对皇位他或许已没有了过多的窥视，能捡得一条命，平平淡淡地过完此生，他也就心满意足了。但《周易》讲否极泰来，也许是天可怜见，1333年，好运降临到了已经13岁的蒙古少年的头上。

他应该感谢三个人，一个是他叔叔图帖睦尔，一个是他弟弟懿璘质班，一个则是太皇太后卜答失里。感谢前者，是因为图帖睦尔临死之前突然良心发现，觉得弑兄夺位愧对先人后辈，于是下诏决定将皇位传给兄长元明帝的儿子；感谢他弟弟，是因为这个弟弟虽然登上了皇位，却无福消受这么重大的恩典，即位四十三天就死去了，这给妥懽帖睦尔转变命运带来了一道曙光。

实际上最为重要的是太皇太后对图帖睦尔遗诏的坚持，在旁人看来，她完全有权力不遵诏令，立自己的儿子为帝，一些权臣也力劝她这么做，比如燕铁木儿。燕

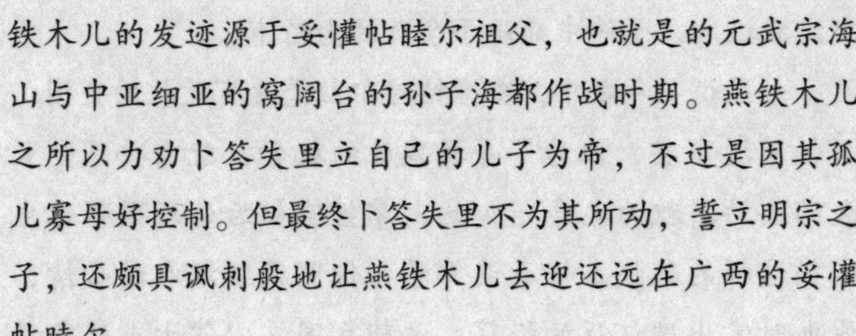

铁木儿的发迹源于妥懽帖睦尔祖父，也就是的元武宗海山与中亚细亚的窝阔台的孙子海都作战时期。燕铁木儿之所以力劝卜答失里立自己的儿子为帝，不过是因其孤儿寡母好控制。但最终卜答失里不为其所动，誓立明宗之子，还颇具讽刺般地让燕铁木儿去迎还远在广西的妥懽帖睦尔。

这中间过程也颇为曲折，燕铁木儿恐新皇帝登基会清算自己，便拖延时间，致使皇位空缺达六个月之久，军国大事一切皆由燕铁木儿决断，燕铁木儿实际上已有皇帝之实。大概是老天开眼，燕铁木儿喜恋女色，终因荒淫过度而死，妥懽帖睦尔这才即皇帝位。

这位元朝皇帝在即位之后七年内因被另一权臣伯颜所执，而不能自由行权，从一处虎穴又落入另一个狼窝。或许正因如此特殊的处境，妥懽帖睦尔才养成愿意将就妥协，擅长利用一个人物或一种机构去平衡另一个人物或因素的生存技巧，也才能在“夹着尾巴做人”和“抬着胸膛欢笑”之间寻找到最佳的支点。

伯颜因执掌国政，嚣张跋扈，甚至不把妥懽帖睦尔放在眼里。皇帝年少，权力不稳，需要伯颜这样的重臣来稳固自己的地位，所以世论皇权的本质是相互交换的物品，的确如是。伯颜以其个人喜好，滥杀无辜，任人唯亲，将自己的心腹安插于卫戍部队，让卫戍部队成为自己的私兵，府库钱帛听其出纳。

1340年，伯颜想废掉妥懽帖睦尔，另立新君。伯颜之侄脱脱与其不合，将事密告妥懽帖睦尔，这位空悬龙椅七年之久的皇帝才利用这一矛盾发动宫廷政变，将伯颜流放远地，于途中病死于今日的南昌市。

如果说七年之中，妥懽帖睦尔丝毫没有反抗的企图，恐怕不近事实，但为了寻找战胜的机会，就需要忍受长久的妥协。权力之争是如此，掌握实权后处理国事他也依循这样的路线。他喜谈佛学，但照顾到汉人的心情，他也时常出席儒臣的经筵。元朝立国，以蒙古人及色目人充重要职位，而他却任命一个贺姓汉人为御史大夫和左丞相，贺说祖制不许，不敢从命，妥懽帖睦尔就赐给他一个蒙古姓，他的意思就是“你不想干也得干。”

这分明有些戏谑玩笑的成分，但妥懽帖睦尔正是依靠这样在权贵之间厘定最大的妥协，在百官两端达成最大的平衡，才能以一己之力坐稳皇位。

唯其如此，妥懽帖睦尔才可能平安地活下来，度过一次又一次的翻覆，御宇三十五年，成为有元一代在位时间最长的皇帝。他知道，在这个黑白无常的时代，过于聪明，反受其害，过于蠢笨，家国不保，做个“蠢己蠢人”之人，才可以与“现实”达成共识，永享太平。

自保，首先要将自己的个性隐藏，做一个方方面面都能接受的普通人，鉴于此，他晚期的一些事迹，就不能简单地将其视作“亡国之君”的征兆。譬如，他花一个多月的时间打猎，与僧人聚众淫乱，还向人请教“房中术”。又如，他不顾国事颓艰，沉湎于木匠活，做起来还“其精巧绝出，人谓前代所罕见”。

我们只能说，元顺帝是个悲情人物。他所面对的已是“无可奈何”的局面。当帝国处在糜烂之际，一个人的道德感与责任心，对全局已无必然的改变。

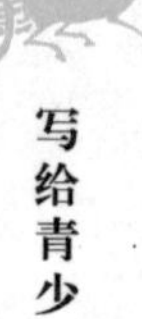